KB154792

박제가와 젊은 그들

고즈원은 좋은책을 읽는 독자를 섬깁니다.
당신을 닮은 좋은책─고즈원

박제가와 젊은 그들
박성순 지음

1판 1쇄 발행 │ 2006. 4. 20.
1판 5쇄 발행 │ 2014.10. 10.

발행처 │ 고즈원
발행인 │ 고세규
신고번호 │ 제313-2004-00095호
신고일자 │ 2004. 4. 21.
(121-896) 서울특별시 마포구 동교로13길 34(서교동 474-13)
전화 02)325-5676 팩시밀리 02)333-5980

값은 표지에 있습니다.
ISBN 978-89-91319-62-2

고즈원은 항상 책을 읽는 독자의 기쁨을 생각합니다.
고즈원은 좋은책이 독자에게 행복을 전한다고 믿습니다.

박제가와
젊은 그들

【 박성순 지음 】

고즈윈
God'sWin

현실의 시련을 딛고
새날을 꿈꾸는
모든 분들께 바칩니다.

책머리에

조선 후기의 대표적인 북학론자 박제가에 대한 국내외 연구는 그의 이름을 제목으로 내세운 논문만 해도 대략 50여 편에 이르고, 대표적 경세서인『북학의(北學議)』에 대한 번역서는 최근까지 간행된 것을 합하면 거의 10여 권에 육박한다. 그의 이름을 제목으로 내세우지는 않았지만 그를 언급한 서적과 논문은 거의 100여 편에 이르고 있는 실정이니, 역사·문학·경제 등의 제 방면에서 박제가가 차지하고 있는 위상을 미루어 짐작할 수 있겠다.

그럼에도 불구하고 미안한 일은 아직까지 박제가의 일대기를 전체적으로 조감한 평전 형식의 저서가 단 한 권도 나오지 않았다는 점이다. 박제가와 같이 의미심장한 인물을 제쳐두고 조선 후기의 사회상을 논한다는 것은 어불성설이다. 뒤늦게나마 필자의 졸렬한 붓끝으로 박제가의 일대기가 한 권의 책으로 엮이게 되었으니, 부끄럽고 또 부끄럽다.

이 책을 쓰는 데는 두 분의 학자에게 마음으로부터 우러나오는 큰 빚을 지었다. 우리나라 학자를 통틀어 박제가의 생애를 가장 포괄적으로, 또 깊이 있게 연구하였으면서도 그 내용에 못지않은 유려한 문장으로 필자를 감동시킨 분은 중앙대학교 사학과 교수이셨던 김용덕 선생이시다. 그분의 학식과 인품에 대해서는 필자가 전에 근무하던 직장 동료로부터 무수히 전해들은 터라, 그분의 글을 읽으면서 마치 직접 앞에서 뵙는 듯한 느낌을 받았었다. 그러나 선생께서는 이미 작고하셨기 때문에 지금은 만나 뵐 수가 없다. 삼가 고인의 명복을 빈다.

두 번째로 마음의 빚을 진 분은 명지대 국문과에 계시는 안대회 교수이시다. 안 교수는 현재 활동하고 있는 우리나라 학자들 중에서도 저술 활동이 왕성한 분으로 유명하다. 박제가와 관련하여서는 『북학의』뿐만이 아니라, 박제가의 문집 중 중요한 내용을 골라 선역집을 간행한 바 있다. 본서를 저술하는 데 있어서 필자는 안 교수의 맛깔스런 번역문을 많이 원용하였다. 지면을 빌어 심심한 감사를 드린다.

박제가는 신분상의 차별이 엄격하던 조선 후기 사회에서 서얼로 태어났다. 그가 성장하는 과정에서, 또 생을 마칠 때까지 겪어야 했을 마음고생이 어떠했는가를 필자는 잘 가늠하지 못하겠다. 그러나 박제가는 장래에 아무런 보장도 없는 학자의 길을 선택했고, 국내외에서 두각을 나타냈다. 국내에서는 국왕 정조의 인정을 받아 서얼 출신으로서는 처음으로 규장각 검서관에 발탁되었고, 국외에서는 시명(詩名)이 청나라의 시단에 전해지면서 조선 문인의 위상을 드높인 바 있다.

박제가는 국왕 정조의 개혁정치와 연관되면서 사회 개혁을 위한 많은 시무책들을 제시하였다. 가난한 조선 백성들의 삶을 윤택하게 하는 것이 학자의 길이라고 굳게 믿은 그는 고루하고 폐쇄적인 조선 사회를 개방적이고 합리적인 사회로 만들기 위해서 신명을 바쳤다. 그러나 너무나도 완고한 수구 세력의 벽을 넘지 못하고 정조의 서거와 함께 그의 인생도 끝없는 나락의 길로 떨어졌다. 박제가의 한 몸에는 조선 후기 실학사조의 발흥과 전개, 그리고 몰락의 과정이 고스란히 담겨 있다.

박제가의 삶을 추적하면서 조선 후기 실학자들이 견지한 학문관과 만날 수 있었다. 그들은 한결같이, 학문이란 현실적이고 실용적이어야 한다고 생각했다. 현실에 도움을 주지 못하는 학문을 하는 양반들은 도태시켜 버려야 한다는 극언도 마다하지 않았다. 학문의 현재적 의미와 역할에 대해서 이보다 더 진지하게 생각한 사람들이 있을까 싶을 정도였다. 그들의 숭고한 삶을 통해서, 얄팍한 지식을 밑천삼아 일신의 출세를 위해 줄서기나 하고 있지는 않은지, 젊은 학자의 기백을 누그러뜨린 채 세상의 눈치나 보며 잇속을 저울질하고 있지는 않은지, 학문을 방편삼아 자신과 세상을 속이는 곡학아세를 하고 있지는 않은지 등 학문하는 자세에 대한 여러 가지 문제들을 되돌아볼 수 있었다.

박제가의 실학적 태도는 비록 당대에는 성공을 거두지 못했지만, 오늘날에도 절실하게 요청되는 학문적 자세가 아닌가 생각한다. 21세기, 새로운 실학의 발흥을 기대하며 지금보다 더 나아져 갈 우리의 미래를 그려 본다.

2006년 4월
성균관에서 저자 識

차례

2부

알아주는 이 있으니
무에 두려우랴

시작에 앞서

고려 말 원나라를 등에 업은 권문세족의 발호로 백성들은 도탄에 빠져 신음하고 있었다. 원나라의 간섭에 따른 자주권의 상실과, 불균등하기 짝이 없는 토지 소유 구조의 폐단으로 인하여 고려는 더 이상 국가로서 존속하기 어려운 지경에 놓이게 되었다. 이에 고려 사회가 안고 있던 대내외적 문제를 해결하기 위하여 신진 세력들이 등장하였다. 애민정책을 전면에 내세운 조선의 개창은 신진 세력 내부의 갈등을 겪으면서 우여곡절 끝에 이루어질 수 있었다.

조선 전기의 국가 정책은 부국강병 위주의 공리주의를 추구하는 면이 강했다. 4군과 6진을 개척하여 북방의 여진족을 제압하였으며, 왜구의 본거지인 쓰시마섬을 정벌하여 항복을 받아내었다. 기술학과 실용 학문을 중시하여 세계적으로 자랑할 만한 과학적 성과들이 배출되었으며 우리 민족의 고유 문자인 한글이 창제되었다. 또한 계속적인 양전(量田) 사업과 개척 등을 통해 국방력 강화와 문화의 융성을 재정적으로 충분히 뒷받침할 수 있었다. 이를 바탕으로 조선 전기의 사회는 국가 수입이 증대되고, 민생의 향상이 이루어졌다.

그러나 선조대를 기점으로 사림파 성리학자들이 국정을 완전히 장악하면서부터 부국강병을 우선하는 선초의 건실한 기풍이 단절되었다. 그리고 현실의 이용후생(利用厚生)보다는 의리와 명분을 보다 중시하는 사림파들의 세상이 도래하였다. 사림파들은 철인(哲人)이 다스리는 이상 사회를 꿈꿨다. 따라서 자기 수양과 도덕성 고양을 정치의 절대적 목표로 상정하였다. 그러다 보니, 현실과 이상의 조화가 붕괴되기 시작하였다. 공리공담의 시대가 시작된 것이다.

조선이 공리공담에 빠지게 된 것은 그만한 사상사적 배경을 지니고 있었다. 조선의 건국 주체들이 신봉한 성리학은 본격적으로 하늘의 질서를 인간의 도덕 원리로 설명하기 위해서 천명(天命) 개념과 천인합일(天人合一)을 중심으로 새롭게 정립된 철학 체계였다. 천인합일설에 의하면, 고려가 망한 것도 결국은 임금의 마음이 바르지 못했기 때문에 하늘의 진노를 산 것으로 해석되었다. 천인합일설에서 민심을 편안케 하는 열쇠는 바로 임금의 바른 마음가짐이었다.

따라서 나라를 위해 성리철학의 '경(敬)'이 군주의 덕으로서 강력히 요구되었다. 임금의 바른 마음이 정치의 본질이라는 인식이 학문적으로 권위를 얻어감에 따라 학자들도 자연히 사람 마음의 본질을 탐구하고 그 수양론에 관해서 공부하는 심학(心學)에 몰두하게 되었다. 임금이 모든 정치의 근본인 바른 마음을 유지하기 위해서는 도덕적으로 고양된 학자 관료들의 보살핌과 지도를 받아야 한다는 생각이 점차 힘을 얻어갔다. 이와 같은 생각의 근저에는 왕의 역할보다도 재상의 역할을 중요시하는 사림파들의 신권(臣權) 중심 사상이 놓여 있었다. 이제, 왕권 강화를 통해 종실의 안정을 꾀하였던 왕들과, 조정은 재상이 다스릴 뿐만 아니라 지방 또한 양반 사대부들이 자치적으로 통치해야 한다고 생각한 사림파 지식인들의 대결은 필연적인 것이 되고야 말았다.

훈구파에 맞서 사림파가 정국에 등용되기 시작하는 중종대부터 수신서 『심경(心經)』의 경연 과목 채택 문제가 도마 위에 올랐다. 『심경』의 경연 과목 채택을 둘러싸고 오랜 기간에 걸쳐 국왕과 신하들이 벌인 신경전은 바로 왕권과 신권의 대결 양상을 상징적으로 보여준다. 결국 오랜 시간의 줄다리기 끝에 효종대에 와서 『심경』은 정식 경연 과목으로서의 위상을 확보하게 된다. 이제 임금의 마음 수양을 정치의 최고 덕목으로 앞세워 임금을 성리학자들의 꼭두각시로 만들려는 사림파들의 의도가 관철된 것이다. 그러나 『심경』이 경연에서의 정식 과목으로 수용된 데에는 종법제도를 어기면서 변칙으로 왕위에 오른 효종의 절실한 우군 확보 노력과, 효종을 이용하여 김자점과 같은 공신 세력을 제거하고 새로운 정치 중심 세력으로 부상하려는 산당 세력 간의 타협이 결정적인 역할을 하였다.

따라서 효종과 산당 세력과의 완벽한 화학적 결합은 애초부터 불가능한 것이었다. 효종은 집권에 대한 명분과 병자호란에 대한 복수를 위해서 산당 세력을 북벌 사업에 이용코자 하였다. 그렇지만 산당의 영수 송시열은 북벌의 명분만을 인정했을 뿐, 그것은 현실적으로 제갈량이 살아 있어도 실현하지 못할 불가능한 일이라고 규정하였다. 송시열의 목표는 북벌이라는 대의명분을 독점하고 그 권위를 이용하여 국왕을 수신이라는 도덕적 규율 안에 옭아맴으로써 신권 중심의 사회를 실현하는 데 있었다.

따라서 송시열은 효종이 실제로 북벌론을 실행하려는 듯하자 그것을 적극적으로 반대했을 뿐만 아니라, 효종 사후에는 그를 적통을 계승한 왕으로 인정하지도 않았다. 효종의 아들 현종은 이와 같이 기해예송에서 보인 송시열의 태도를 효종에 대한 배신행위라고 규정하고, 그에 대한 보복 조치로서 경연에서의 『심경』 강독을 폐지시켰다. 이같은 정황은 경연에서의 『심경』 강독, 더 나아가 사림파들이 부르짖었던 철인정치론이 결국 그들의 정치적 야망을 달성하기 위한 도구에 지나지 않았다는 점을 드러낸 것이다.

　　그렇지만 이미 강성해진 사림파들의 압박을 국왕 혼자 어찌할 수 없게 되어 버린 것이 조선 후기 정국의 실상이었다. 현종은 결국 사림파 성리학자들의 맹반격에 부딪혀 『심경』 강독을 재개해야 했고, 그것은 송시열이 존재했던 숙종대까지 그 절정을 이루었다. 사림파는 이제 그들의 철인 정치를 실현하는 것처럼 보였으나, 지나친 성리철학의 강조로 말미암아 현실에 기반을 두고 살아가던 민생은 도탄에 허덕였다. 사림파들의 집권 기간 동안 임진왜란, 정묘호란, 병자호란과 같은 조선 최대의 전란들이 발생하였고, 사림파 정권은 그 전란에 전혀 능동적으로 대처하지 못하였다. 실제로 그들의 지나친 대의명분론이 이러한 전쟁을 유발시킨 측면이 컸다.

　　조야의 지식인 중에서는 이제 사림파들이 주장하는 주자학적 명분론의 허구성에 대해서 의문을 품고, 진정 백성을 위한 정치는 어떤 것인가에 대해서 진지하게 고민하는 사람들이 생겨나기 시작했다. 그들은 차츰 배타적인 주자유일주의에서 벗어나 이용후생과 정덕(正德)의 병진(竝進)을 설파한 원초유학의 가르침에 눈을 돌리기 시작하였다. 한편 중국을 통해서 들어오는 서학(西學)이나 중국 자체의 발전상에 관심을 갖는 사람도 생겨나기 시작했다.

그리고 실제로 국왕인 영조에 의해서 새로운 변화가 모색되기 시작하였다. 출생에 대한 열등감과 불안한 왕위 계승으로 국왕으로서의 권위 확립에 고심했던 영조는 『심경』을 경연과목에서 완전히 없애지는 못했지만, 이것을 오히려 역이용하기 시작하였다. 영조는 현학 군주로서의 측면을 외부에 과시하고 신하들을 압박하는 도구로 『심경』을 적극 활용했다. 그리고 노론 척족의 틈바구니에서 사선을 넘으면서 어렵게 등극한 정조는 경연에서의 『심경』 강론을 현격하게 축소시켰다. 나아가 택군(擇君)을 통해서 왕권을 농락하던 노론 권신들에 대한 대반격을 준비하였다. 정조는 서구 근대 중상주의를 이끈 절대왕정처럼 왕권의 권위를 회복하고 상업을 진흥시켜 조선을 가난의 굴레에서 탈출시키고자 하였다.

이미 유학 강론의 시대적 조류가 되어 버린 『심경』을 가지고 신하들에게 맞섰던 영조대의 특이한 동향은 사림파들이 오랫동안 배타적으로 강조해 온 주자유일주의가 하나의 공리공담에 지나지 않는다는 반성에서 제기되기 시작한 것이다. 숙종·영조·정조대에 걸쳐 재야 지식인들 사이에서 민생의 현실을 중시하는 실학적 학풍이 가장 왕성하게 고조되었다는 사실은 이제까지 사림파가 내세운 심학 절대주의만을 가지고서는 더 이상 정국을 지탱해 나가기가 힘겹게 되었음을 말해 준다. 재야 지식인들은 중국 기행이나 서학과의 접촉, 그리고 원초유학에 대한 재발견을 통해서 어떻게 하면 피폐해진 조선의 민생을 회복할 것인가에 대해 골몰하게 된다.

17세기부터 간헐적으로 등장하기 시작한 이른바 실학적 지식인들은 시간이 지남에 따라 차츰 걸출한 스승을 중심으로 하나의 동인 집단을 형성해 나갔다. 이익(李瀷)을 중심으로 한 성호학파, 박지원(朴趾源)을 중심으로 한 북학파가 대표적인 경우였다. 개혁군주 정조는 등극 후에 이들을 적극적으로 정치 현실에 활용코자 하였다. 박제가도 정조가 발탁한 인물 중의 하나였다. 노론 전제 정치를 혁파하여 절대군주를 꿈꾸었던 정조와 그를 도와 조선의 미래를 계획했던 박제가의 꿈은 무르익어 가는 듯 보였다. 그러나 시대의 변화를 거부하는 반대 세력의 반발 또한 만만치 않았는데……

1부

백탑에 핀 꽃

1 어린 수재 박제가

박제가(朴齊家, 1750~1805)는 한시에 뛰어난 재능을 보여, 조선 후기 사회에서 이덕무·유득공·이서구와 함께 사가시인(四家詩人)으로서 명성을 날렸다. 그들의 시집인『건연집(巾衍集)』은 1776년(정조 즉위년) 11월 부사 서호수(徐浩修)의 막관(幕官)으로 연경에 가게 된 유탄소[柳彈素, 유금(柳琴)]에 의해 청나라 연경 시단에 소개되어 호평을 받았다. 당시 청나라를 대표하는 최고 지식인이었던 반정균(潘庭筠)은 1777년 7월 박제가에게 답장을 보내 경의를 표했다.

정균(庭筠)이 돈수(頓首) 재배(再拜)하고 아룁니다. 초정(楚亭)선생 족하. 봄 사이에『건연집』을 읽고 비로소 선생의 이름을 알았소이다. 신묘하게 읊은 시작 솜씨에 공경스러이 감복하는 바이오. 세군자(이덕무·유득공·이서구를 말함)의 작품에 이르러서는 눈으로 보기 드문 솜씨들이라 감탄하였소. 아직까지도 서로 만나서 시제(詩題)를 나누며 흉금을 터놓을 수 없는 것이 무척 유감스럽소. 선생의 품격과 인망을 가만히 헤아려 보니 반드시 금기(嶔崎, 산이 험하고 높이 솟은 모양)하고 뇌락(磊落, 뜻이 커서 작은 일에 구애되지 않는 모양)하며 세속과 먼 신이함을 항상 몸에 지니고 있을 분 같소. 시를 읽어 보면 가히 그 사람을 알 수 있는 법이오. 선생께서 저를 알고 있었다니 감사드리며, 그동안 제가 능히 선생을 알아보지 못한 점이 부끄럽습니다. 시집은 조석으로 가지고 다니면서 창황한 가운데에서도 한 번 읽어 보았으나 그 울타리를 다 이해하지는 못하였습니다. 베껴 써 둔 것이 겨우 이삼십 수에 불과하니 더욱더 부끄러울 따름입니다.[1]

이부고공사원외랑(吏部考功司員外郎)의 벼슬을 지내고, 역시 청나라 당대 최고 지식인 가운데 하나였던 이조원(李調元)은 박제가를 다음과 같이 평했다.

박초정(朴楚亭)은 동국의 뛰어난 문장가이다. 그 생김새는 단소(短小)하나 굳세고 존엄한 위세가 있고, 재주와 인정은 넘쳐흘렀다. 위로는 뛰어난 시들을 모아 공부하고, 옆으로는 백가의 문장을 채집하였기 때문에 그가 구사하는 문사(文詞)는 아름답고, 별빛 같고, 조개껍데기처럼 단단한 기운이 있으며, 교룡(蛟龍)이 사는 수궁의 물처럼 상서로움이 있었다. 어찌 천하의 신기한 문장이 아니겠는가! 그러나 스스로 떨쳐 일어나기에는 힘이 부족하였으므로 끝내 그를 알아주는 자가 매우 드물었다.[2]

---

1 박제가, 『정유각집(貞蕤閣集)』 권4, 「서(書)」, 부답서반정균(附答書潘庭筠).

조선이 개국한 지 358년, 압록강에서 동쪽으로 1천여 리 떨어진 곳에서 한 사내아이가 세상에 나왔다.[3] 그 출계는 신라이고 밀양을 본관으로 하였다. 훗날 차수(次修)·재선(在先)·수기(修其)라는 자를 사용하고, 초정(楚亭)·정유(貞蕤)·위항도인(葦杭道人) 등을 호로 사용하게 되는 이 아이는 1750년(영조 26) 11월 5일, 승지 박평(朴玶)의 서자로 태어났다. 박평에게는 이미 제도(齊道)라는 아들이 있었는데, 전주 이씨(1721~1773)를 셋째부인으로 맞아 그 사이에서 다시 제가를 낳았다.

　소년 박제가는 어린 시절부터 시·서·화에 뛰어난 소질을 발휘하여 널리 이름을 떨쳤다. 성장한 이후 동료들 사이에서 그림보다는 시와 글씨가 더욱 훌륭한 것으로 평가받았지만, 그림 솜씨도 경지에 올라 있었다. 당대의 문장가 연암 박지원(朴趾源, 1737~1805)은 박제가를 평가하여 말하길, "제가는 나이 열아홉에 문장에 능통했다."고 하였다.[4]

　다섯 살배기 박제가가 가지고 놀던 상자들에는 뭉툭하게 해진 붓, 쓰다 남은 먹과 함께 손바닥만 한 책들이 수북이 쌓여 있었다. 『대학』·『맹자』·『시경』 같은 경서 이외에도 『이소(離騷)』·『진한문선』·『두시』·『당시』·『공씨보』·『석주오율』 같은 어려운 책들이

---

2 박제가, 『정유각집』 권1, 「이조원서(李調元序)」. "朴楚亭 東國之麗于文者也 其人短小勁稜 才情蓬勃 上搾騷選 旁採百家 故其爲文詞 有如粲如星光如貝氣如蛟宮之水焉 豈非天下之奇文哉 然而自振者無力 終知者甚稀."

3 박제가, 『정유각집』 권2, 「전(傳)」, 소전(小傳). 이 소전에는 '조선이 개국한 지 384년'으로 되어 있다.

4 박제가, 『정유각집』 권1, 「박지원서(朴趾源序)」. "朴氏子齊家 年十九 能文章."

박제가의 시 │ "늙은 소나무와 흐르는 물 사이에 도인의 집이 있네"로 시작되는 이 시는 세속과 유리된 허허로운 마음을 표현하고 있다. 힘찬 필체가 인상적이다.

여기에 섞여 있었다. 모두 흩어져 온전하지는 않았지만, 어린 그가 직접 비점(批點)[5]을 찍으면서 읽은 책들이었다.

박제가는 언제나 입에 붓을 물고 다닐 정도로 글씨 쓰기를 좋아하였다. 변소에 가서도 모래 위에 글씨를 썼고, 어디에고 주저앉으면 허공에 대고 글씨 쓰는 연습을 했다. 어느 여름날 박제가는 분판(粉板)[6] 위에 글씨를 쓰다가 벌거벗은 채 기어서 그 위로 올라갔다. 무릎과 배꼽에서 흘러내린 땀으로 먹물이 만들어졌다. 그걸로 병풍과 족자의 글씨를 흉내 내어 글씨 연습을 하였다. 문자의 형태나 필법에 담긴 작가의 뜻을 배우기 위해 남의 글씨를 그대로 흉내 내어 쓰는 임모(臨摹)였다.

일곱 살 무렵인 1756년 청교동(을지로 5가)으로 집을 옮긴 뒤 그

---

5 좋은 대목에 찍던 둥근 점. 원래는 과거시험에서 시험관이 응시자가 지은 시나 문장을 평가할 때, 특히 잘 지은 대목에 찍던 둥근 점을 말한다.
6 아이들이 붓글씨를 익히는 데 쓰려고 분을 기름에 개어서 널조각에 발라 놓은 물건.

박제가, 「의암관수도」 | "빼어난 물소리를 귀로 듣고 / 빼어난 돌 위에 몸을 맡기네 / 형체는 셋이지만 / 마음은 하나일세." 산수를 감상하는 세 사람이 혼연일체가 된 무아지경을 묘사하고 있다.

집 벽에는 박제가가 글씨 연습을 하는 바람에 하얗게 남아 있는 곳이 없었다. 박제가가 공부하는 것을 좋아하자, 부친은 매달 종이를 내려주었다. 박제가의 부친 박평은 당시 정3품 우부승지로 재직하면서 승정원에서 왕명 출납을 담당하고 있었다. 박평은 그전에 사간원 정언과 사헌부 장령을 지내면서 대리청정을 하는 사도세자를 보필한 적이 있었다. 후에 박제가가 정조에게 발탁되면서 박평 부자는 임금인 정조와 2대에 걸친 인연을 맺게 된다.

박제가는 날마다 부친이 준 종이를 손가락 두 개 크기만 하게 잘라 책을 만들었다. 자른 종이에는 책을 읽다가 마음에 새길 만한 글귀가 있으면 적어 넣어 한데 묶어 두었다. 그렇게 만든 박제가의 책은 주위의 아이들에게도 제법 인기가 있었다. 책 두 질을 함께 놓아도 불면 날아갈 정도의 영성한 물건이었지만, 책 한 권이 완성될 때마다 이웃집 아이들이 달라고 해서 가져가기도 하고, 어떤 아이는 묻지도 않고 낚아채 갔다. 그래서 박제가는 읽은 글을 반드시 두세 차례 써 두는 습관을 들였다. 이런 식으로 해서 박제가가 아홉 살 때에는 네 권으로 나누어 엮은 『맹자』 책이 완성되었다. 이보다 작은 책들은 나무 상자를 채울 정도가 되었다.

비록 사회적으로 천대받는 서얼이었지만, 어린 수재 박제가는 부친의 자상한 배려 덕분으로 비교적 행복한 유년 시절을 보낼 수 있었다. 그러던 중 어린 박제가에게 첫 번째 시련이 찾아왔다. 열한 살 되던 해에 부친이 세상을 떠난 것이다. 이때부터 박제가는 주거지를 이리저리 옮겨 다니는 방랑의 시기로 접어들었다. 묵동으로 이사하

박제가, 「목우도」 세속을 초월하는 도가 사실은 우리 일상 속에 내재해 있음을 풍자한 작품이다.

였다가 필동으로 이사하고, 또 묵동 셋집으로 옮겼다가 다시 필동으로 이사하는 등 곳곳을 전전하였다. 모두 부친이 떠나고 난 후에 닥친 가난 때문이었다. 그 5, 6년 사이에 그가 만들어 놓은 책들은 거의 다 흩어져 버렸다. 글씨 쓰기와 책 읽기를 좋아하던 소년 박제가는 아버지가 살아계시던 옛날이 더욱 사무치게 그리워졌다.

박제가에게는 네 살 연장인 누이가 한 명 있었다. 누이는 총명하고 의협심이 있는 여성이었으며 박제가의 든든한 정신적 후원자로, 공부하는 데 많은 도움을 주었다. 그러나 이 누이마저 박제가의 나이 열다섯 살 때 출가해 버리고 말았다. 박제가는 이제 어머니와 단둘이서 세상과 마주하게 되었다.

박제가는 어머니가 '혼자되신 후로는 드실 음식이 없었고, 해진 솜옷이나마 몸을 제대로 가리지 못하신 채 새벽닭이 울 때까지 쪼그리고 앉아 남의 집 삯바느질을 하셨다.'고 애달파했다. 하지만 박제가의 어머니는 아들이 사귀는 이가 종종 어른과 손윗사람 등 이름 있는 사람들이었으므로 아들의 체면을 위해서 있는 힘을 다해 뒷바라지를 했다. 그래서 사람들이 박제가의 겉만 보고는 그 가난을 알수 없을 정도였다.

2 고독을 벗 삼아

　　불뚝 솟은 물소 이마에 칼날 같은 눈썹, 검은 눈
동자에 하얀 귀. 박제가가 20대에 묘사한 자화상이다. 청년기의 박
제가는 단신의 체구였지만, 툭 튀어나온 이마에 덥수룩한 수염을 한
다부진 모습이었다. 박제가가 스물일곱 살 때(1776) 스스로를 묘사
하여 쓴 「소전(小傳)」에는 그의 인생관과 가치관이 잘 드러나 있다.

　　고독하고 고매한 사람만을 골라서 남달리 친하게 사귀고, 권세
많고 부유한 사람은 멀리서 보기만 해도 사이가 멀어진다. 그러니
뜻에 맞는 이가 없이 늘 가난하게 산다. 어려서는 문장가의 글을
배웠고, 장성해서는 국가를 경영하고 백성을 구제하는 학문[經濟之
術]을 좋아하였다. 수개월을 귀가하지 않고 노력하지만, 지금 사람
은 아무도 알아주지 않는다. 그는 이제 한참 고명한 자와 마음을
나누고, 세상에서 힘써야 할 것은 버리고 하지 않는다. 명리(名理)
를 따져 종합하고, 심오한 것에 침잠하여 사유한다. 백 세대 이전
인물에게나 흉금을 터놓고, 만 리 밖 먼 땅에나 가서 활개치고 다
닌다.

구름과 안개의 색다른 모습을 관찰하고 갖가지 새의 신기한 소리를 듣기도 한다. 원대한 산천과 일월성신, 미미한 초목과 벌레·물고기·서리·이슬은 날마다 변화하지만 왜 그러한지 알지 못하는데 그 현상의 이치를 가슴속에서 또렷하게 터득하였다. 언어로서 그 실상을 다 표현할 수 없고, 입으로 그 맛을 다 설명할 수가 없다. 혼자서 터득한 것임을 자부하지만 누구도 그 즐거움을 알지 못한다.[7]

20대 중반의 청년 박제가는 권세와 명예와 황금만을 좇는 세상의 부박함과는 일찌감치 등을 지고 살았다. 그가 마음을 연 친구들은 고전 속에 나오는 백세 이전의 인물들이거나, 현실 세계에서는 하나같이 고독하고 고매한 사람들이었다. 권세 많고 부유한 사람들을 그는 의식적으로 회피하였다. 공부하는 도중에 궁금한 것이 있으면, 몇날 며칠이고 집에도 들어가지 않고 사물에 침잠하는 기벽을 지니고 있었다. 구름과 안개와 산천과 일월성신과 초목과 벌레와 물고기 같은 대자연이 모두 그의 선생이었다.

청년이 되어서 박제가는 좋은 소질을 보이던 시·서·화도 뒤로한 채 경세론을 정립하는 데 몰두하였다. 그의 화두는 '어떻게 하면 조선에서 가난을 물리칠 수 있을 것인가?' 였다. 그래서 『북학의(北學議)』라는 경세서를 저술하였고, 나아가 일하지 않는 양반들은 도태

---

7 박제가, 『정유각집』 권3, 「소전(小傳)」; 박제가 지음, 안대회 옮김, 『궁핍한 날의 벗』, 태학사, 2000, 40~42쪽.

시켜 버려야 한다고 극언하
였다. 그에게 있어서 삶이
란, 여느 문벌가의 양반 자
제들이 느끼는 것처럼 호사
스러운 사치가 아니었다.
그에게 있어서 선비의 일생
이란 가난한 백성과 나라를
구하는 데 바쳐야 하는 신
성한 그 무엇이었다.

박제가 초상 | 청나라 학자 나빙(羅聘)이 그린 박
제가의 모습이다.

옛날에 맹자가 말하였다.

"고신(孤臣)과 얼자(孼子, 첩의 자식)는 사려가 깊다." 8

말하자면, 고생을 해 본 사람만이 삶을 관조하는 태도가 좀 더 신
중해진다는 뜻이다. 형세가 미약한 외로운 신하는 언제고 임금의 총
애를 잃게 될까 전전긍긍하기 때문에 매사의 업무 처리에 통달하여
빈틈이 없다. 서얼들 또한 행여나 아버지의 사랑을 잃게 될까 매사
를 조심하고 또 조심하기 때문에 평탄한 행복을 누리는 사람들보다
훨씬 사려가 깊고 세상살이의 이치에 통달한다는 뜻이다. 태어나면
서부터 천부의 재예(才藝)를 타고난 박제가였지만, 아버지가 죽고서

---

8 『맹자(孟子)』,「진심장구(盡心章句)」 상(上). "獨孤臣孼子 其操心也危 其慮患也深 故達."
　해석을 하면, "오직 외로운 신하와 서자들은 그 마음을 잡는 것이 위태로우며, 근심을
　염려함이 깊기 때문에 통달하는 것이다."라고 번역된다. 그 주에 이르기를 "고신(孤臣)
　은 임금과 먼 신하요, 얼자(孼子)는 서자이다. 다 임금과 아버이에게 사랑을 얻지 못하
　여 항상 아픔이 있는 자이다. 달(達)은 사리에 통달함을 이르니, 곧 이른바 덕혜(德慧)·
　술지(術知)라는 것이다."라고 되어 있다.

겪게 된 혹독한 가난의 굴레와 서얼이라는 신분적 제약 때문에 더욱
더 내성적이고 사색적으로 변화해 갔다.

3 백아와 종자기 같은 만남

조선 후기 사회에서 서얼은 천대받는 존재였다. 허균(許筠, 1569~1618)이 소설 속 주인공 홍길동의 입을 빌어 지적한 바와 같이, 그들은 감히 아버지를 아버지라 부르지 못하고 형을 형이라 부르지 못하는 불쌍한 존재들이었다. 서얼은 양반의 피를 타고났다 하더라도, 인습적으로 양반 사족층, 일반 양민, 서얼 유직자, 서얼 무직자, 천인의 순서로 그 위계가 정해져 있었다. 서얼로서 미관말직에라도 진출한 자들은 그래도 형편이 나은 편이었으나, 서얼 무직자들은 사실 천인들과 별반 차이가 없었다. 박제가와 같은 서얼 지식인층은 양반이되 양반 대접을 받지도 못하고, 그렇다고 몸을 함부로 하여 천인들과 섞이지도 못하는 경계인들이었다.

때문에 박제가는 자연스럽게 같은 처지의 서얼들과 어울렸다. 그 중에서도 남산 밑에 이웃하며 살던 백동수(白東修, 1743~1816)와 친하게 지냈다. 백동수는 1743년 한성 남부 명철방 청교동에서 수원 백씨 사굉의 장자로 태어났다. 체구가 크고 무예에 출중하여 훗날, 박제가·이덕무와 함께 『무예도보통지(武藝圖譜通志)』를 완성하였다.

박제가는 백동수를 통해서 이덕무(李德懋, 1741~1793)를 만났다.

장차 박제가의 둘도 없는 스승이자 생애 최고의 친구가 될 이덕무가 박제가의 존재를 인식한 것은 박제가의 나이 15세 무렵이었다.

1764년(영조 40) 어느 날. 이덕무가 지금의 남산 일대인 훈도방에 있는 백동수의 집을 방문하였다. 그때 이덕무는 백동수의 집 문에 '초어정(樵漁亭)'이라고 쓰인 세 글자에 눈길이 쏠렸다. '초어정'이란 산에서 땔감을 줍고 물고기나 잡으면서 유유자적하게 사는 보통 사람의 집이라는 뜻이었다. 뜻도 좋으려니와 자획이 모두 성난 듯, 움직이는 듯한 필체였다. 이덕무가 '초어정'이라는 글씨에서 눈길을 떼지 못하자, 그때를 놓치지 않고 백동수가

"이것은 나의 고향 친구 박승지(박평)의 아들인 열다섯 살 동자가 쓴 것이오."

하고 자랑하였다. 이덕무는 눈이 휘둥그레져서 글씨를 쳐다보았다. 왜 일찍이 박제가를 만나보지 못했는가 하는 탄식이 흘러나왔다. 그러나 그때만 해도 이덕무는 박제가의 글씨에만 감탄했지, 시 짓는 솜씨가 어떠한지는 알지 못하였다.

2년 후 겨울에 김자신〔김치인의 자(字)〕이 이덕무에게 시 두 편을 주면서

"이것은 백영숙〔백동수의 자(字)〕의 집 문 위에 써 붙였던 글씨를 쓴 동자의 시일세."

하고 말하였다. 이덕무가 보니 시와 글씨가 어울려 더욱 좋았다. 그러나 그때에도 이덕무는 박제가의 시가 뛰어나다는 것을 알았을 뿐, 그의 생김새나 마음씨가 어떠한지는 알지 못하였다.

이 무렵 마침 이덕무가 모친상을 당하는 바람에 늘 마음속으로 궁

금해 하던 박제가를 직접 찾아가 만나볼 수 있는 겨를을 갖지 못하였다. 다만 백동수나 김자신을 만날 적마다 문득 문득 박제가의 생김새나 마음씨를 묻곤 하였다. 얼마의 시간이 흐르자 이덕무는 박제가의 생김새에 관해서는 10에 거의 7, 8 정도를 가늠할 수 있을 정도가 되었다. 그러나 알기 어려운 것이 사람 속이라, 박제가의 성격이나 마음씨에 대해서는 10에 4, 5 정도밖에 가늠할 수 없었다.

또다시 한 해가 지나고 봄이 돌아왔다. 박제가의 나이 18세 때의 일이다. 이덕무는 여느 때처럼 백동수의 집을 찾아갔다. 시냇물이 남산으로부터 나와 굽이굽이 돌면서 백동수의 집 쪽으로 흘러갔다. 이때 마침 문밖으로 동자 하나가 나오더니 영특해 보이는 걸음걸이로 시냇물을 따라 북쪽으로 올라가는 것이 보였다. 흰색 겹옷에 녹색 띠를 차고 스스로 만족스러워 하는 모양으로 여유 있게 걸어가는 모습이었다. 이마는 높고 두 눈은 호기심으로 가득 찼으며, 얼굴빛은 즐거워 보이는 '기남자(奇男子, 재주나 슬기가 아주 뛰어난 사나이)' 그대로였다. 이덕무는 그가 박씨 집안의 아들, 박제가임을 직감하였다.

이덕무가 동자에게 눈길을 보내자, 그도 알아차린 듯 이덕무를 바라보았다. 이덕무는 이 동자가 필시 자신을 찾기 위해 백동수의 집으로 오겠거니 생각했다. 과연 동자가 이덕무에게 다가와 5백 자쯤 되는 매화시를 지어 바쳤다. 옛 군자들이 교제를 맺던 풍취를 흉내낸 것이었다. 이덕무는 그에게 신기한 재주가 있음을 똑똑히 알아차릴 수 있었다. 이덕무는 시험 삼아 그에게 말을 던져 보았다. 동자의 지조와 절개를 시험해 보는 말이었다. 되돌아온 대답을 통해서, 이덕무는 동자의 성품과 영혼에서 빛이 난다고 느꼈다. 이덕무는 기쁨을 감추지 못하였다. 그 동자는 그해에 관례(冠禮)[9]를 치르고 자를 재선(在先)이라 한다 하였다. 이덕무가 늘 궁금하게 여기던 박제가였다. 두 사람은 금방 의기투합하였다.

박제가는 다른 사람과 마주해서는 능히 말을 할 줄 모르는 듯하였으나, 이덕무를 만나면 말을 아주 잘했다. 이덕무 역시 다른 사람의 말을 들을 때는 능히 이해하지 못하였으나 박제가의 말은 아주 잘 이해할 수 있었다. 박제가가 비록 말을 하지 않으려 해도 이덕무는 그것을 이해할 수 있는 정도가 되었다. 두 사람의 관계는 백아와 종자기[10] 같은 사이였다.

집이 부서져 비바람이 몰아칠 때에도 두 사람은 조용히 마주 앉아 온갖 종류의 책 내용을 종횡으로 끄집어내었다. 등불을 밝히고 밤을 지새우면서 온 정열을 다해 토론을 하였는데 마음속에 숨기는 것이 하나도 없었다. 천지의 왕복과 생사의 승제(乘除)와 고금의 흥패(興敗)와 출처(出處, 세상에 나아가고 물러남)의 득실과 자연 속에 숨어 살면서 벗과 우정을 나누는 즐거움에 이르기까지 미치지 않는 것이 없었다. 서화(書畵)와 시문(詩文)에 이르러서는 격정의 장면에서 서로 슬퍼했고, 어루만지는 부분에서는 서로 기뻐하였다. 이야기가 끝나면 조용히 말이 없었다. 서로 마주보고 빙긋이 웃을 뿐이었다.

---

9 20세가 되면 상투를 틀고 갓을 썼는데, 이에 대한 의식을 관례라 했다. 이때에 자(字)를 지어 이름을 부르지 않고 자를 불렀다.(『禮記』 「內則」)

10 고사는 『열자(列子)』 「탕문편(湯問篇)」에 나온다. 백아가 거문고를 잘 탔는데, 종자기는 그의 연주를 가장 잘 이해하였다. 종자기가 죽자 백아는 더 이상 자신을 알아주는 사람이 없다고 여기고 거문고 줄을 끊고 다시는 거문고를 타지 않았다. '절현지비(絶絃之悲)'라고도 한다.

"재선의 재예(才藝)는 따라갈 수 있지만, 재선의 욕심이 적은 것은 따라갈 수가 없다."

이덕무는 박제가의 시가 담박하고 깨끗하여 그의 인격과 같다고 생각하였다.[11]

이보다 한참 후의 일이지만, 1782년(정조 6) 늦가을에 박제가의 『북학의』에 서문을 써 준 보만재 서명응(徐命膺, 1716~1787)도 박제가를 '기이한 선비'라고 불렀다.

차수(次修) 박제가는 기이한 선비[奇士]다. 그는 무술년(1778, 정조 2)에 진주사를 따라 중국에 갔다. 그는 그곳의 성곽·가옥·수레·기구를 두루 돌아보고 감탄하여, "이것이 바로 명나라 제도다. 명나라의 제도라면 곧 『주례(周禮)』의 제도이기도 하다."라고 말했다. 한편 우리나라에서 시행할 만한 것을 발견하면 세밀히 살

---

11 이덕무, 『청장관전서(青莊館全書)』 권20, 『간본아정유고(刊本雅亭遺稿)』 권3, 「문(文)」, 초정시고서(楚亭詩稿序). 이덕무의 문집인 『청장관전서』에는 박제가가 백동수의 집 문에다 '樵漁亭(초어정)'이라고 써 준 것을 보았다고 되어 있는 반면, 박제가의 문집인 『정유각집』에 있는 이덕무의 서문에는 백동수의 집 처마 밑에 '靭齋(인재)'라고 쓴 박제가의 글씨를 본 것으로 기록되어 있다. 얼핏 보면 이덕무의 회고가 허구가 아닌가 생각할 수도 있지만, 이것을 제외한 나머지 모든 내용, 즉 이덕무가 박제가를 만나는 과정의 전체 이야기는 동일하다. 그렇다면, 이덕무 한 사람이 쓴 글임에도 불구하고 사실 묘사에서 위와 같이 차이가 나는 것을 어떻게 이해해야 할까? 당시 백동수 주변의 사람들이 백동수의 집을 '樵漁亭'이라고 불렀던 것도 사실이고, 박제가가 백동수를 '靭齋', 즉 '강하면서도 부드러운 남자'라고 부른 것도 사실이므로, 아마도 백동수의 집 문과 처마에는 각각 '초어정'과 '인재'라는 박제가의 글귀가 모두 붙어 있었던 것으로 봐야 할 것 같다. 이덕무가 이것을 모두 보고, 박제가의 문집과 자신의 문집에 각각 다르게 기록한 것으로 보면 큰 무리가 없을 것이다.

펴보고 틈틈이 기록해 두었다. 혹 이해하기 어려운 것이 있으면 두루 물어보아서 의심나는 점을 해결했다. 그리고 귀국하자마자 그것들을 정리하여 『북학의』 내·외편을 썼다. 내용이 상세하고 치밀하여, 소개한 여러 방법들은 명확하게 설명되어 있다. 아울러 뜻을 같이하는 사람들의 논설까지 첨부해 놓았다. 이 책을 한번 살펴보고 그대로 시행해도 될 것이다.[12]

서명응은 조선 후기 실학자 서유구(徐有榘, 1764~1845)의 할아버지로서, 사신으로 연경에 다녀온 적이 있었기 때문에 평소에 이용후생에 관심이 많았다. 특히 서명응은 규장각의 운영에 큰 영향을 끼쳤으므로 박제가를 눈여겨 지켜보고 있었다. 박제가를 기이한 선비로 평가한 서명응의 관점은 첫 만남에서부터 박제가를 기남자로 알아본 이덕무의 감식안이 틀리지 않았음을 뒷받침해 준다. 박제가는 조선 후기의 우리 역사가 낳은 '기남자'였다.

---

12 박제가, 『북학의』, 「서명응서(徐命膺序)」.

4 책만 보는 바보, 이덕무

　　　　　　박제가가 가장 좋아했던 이덕무는 종실 무림군
〔茂林君, 정종의 아들로 이름은 선생(善生)〕의 후예인 성호(聖浩)의 서얼
로, 자는 무관(懋官), 호는 아정(雅亭)이었다. 이밖에 형암(炯菴)·청
장관(靑莊館) 또는 동방일사(東方一士)라고도 자호하였다. 청장(靑莊)
은 신천옹(信天翁)과 같이 해오라기 종류의 물새로서 앞에 닥치는 먹
이만을 먹고 사는 청렴한 새이다. 이와 같이 청렴한 새의 이름으로
호를 삼은 것은 말할 것도 없이 이덕무의 성격을 상징하는 것이었
다. 박제가는 「이무관상찬(李懋官像贊)」에서 이덕무를 다음과 같이 묘
사하였다.

　　신체는 허약하나 정신이 견고함은
　　지키는 것이 안에 있기 때문이요
　　외모는 냉랭하나 마음이 따뜻함은
　　겉모양이 독실하기 때문이다.
　　오늘날에는 숨어산다 하지만
　　옛날 같으면 절개가 높다 하리 [13]

박제가가 표현한 것처럼 이덕무는 겉으로는 약한 듯 보이지만 속으로는 높은 선비의 기절을 갖춘 은자였다. 박제가가 천재적인 기질을 바탕으로 앞뒤를 잘 살피지 않는 직선적인 성격의 소유자였다면, 이덕무는 내면으로 큰 공력을 품었으되, 겉으로는 항상 온화한 빛을 잃지 않음으로써 모든 이들에게 존경과 사랑을 받았다.

성격이나 나이 차이로 보아 서로 전혀 어울릴 것 같지 않은 두 사람의 관계가 오랫동안 절친하게 유지될 수 있었던 것도 기실은 이덕무의 노력이 많은 부분을 차지했기 때문이라고 보인다. 뒷날에 국왕 정조도 호리호리한 큰 키에 단아한 모습을 잃지 않았던 이덕무를 특히 사랑하였다. 이덕무는 역사와 지리, 초목과 충어(蟲魚)의 생태에 이르기까지 폭넓은 지적 편력을 자랑하여 국왕 정조에게 깊은 총애를 받았다. '아정(雅亭)'이라는 이덕무의 호도 서울 지도인 「성시전도(城市全圖)」를 보고 읊은 백운시(百韻詩)가 정조로부터 '아(雅, 우아하다)'라는 평가를 받자 이를 기념하기 위해서 지은 것이었다. 이덕무가 규장각 검서관으로 있던 어느 해 추석 이틀 후, 임금은 매달 종묘에 햇것을 올리는 천신(薦新) 품목 중 8월 품목의 으뜸이었던 게 10마리를 선물로 내려주기도 하였다.

1793년 이덕무가 병들어 죽자, 그를 사랑하던 정조는 그 3년 뒤에 내탕전(內帑錢, 임금의 사유재산) 5백 냥을 하사하여 문집 『아정유고(雅亭遺稿)』 8권 4책을 간행하게 하고, 이덕무의 아들 광규(光葵)를 다시 규장각 검서관으로 채용하는 은전을 베풀었다. 『아정유고』의 서

---

13 박제가, 『정유각집』 권1, 「찬(贊)」, 이무관상찬(李懋官像贊).

「아정유고」 | 이덕무의 시문집.

문은 선집에 관여한 당시의 명류 윤행임과 남공철이, 발문은 이덕무의 친우인 성대중이 짓고, 행장은 교우 박지원이 집필하였다.

이덕무는 굶주림 속에서도 항상 독서를 통해서 시름을 달랬으므로 스스로를 '간서치(看書痴, 책만 보는 바보)'라고 불렀다. 이덕무는 「간서치전(看書痴傳)」을 지어 스스로를 다음과 같이 묘사하였다.

목멱산(남산의 별칭) 아래 어떤 어리석은 사람이 살았는데, 어눌하여 말을 잘하지 못하였으며, 성격이 졸렬하고 게을러 시무를 알지 못하고, 바둑이나 장기는 더욱 알지 못하였다. 남들이 욕을 하여도 변명하지 않고, 칭찬을 하여도 자긍하지 않고 오직 책보는 것으로 즐거움을 삼아 추위나 더위나 배고픔을 전연 알지 못하였다. 어렸을 때부터 21세가 되기까지 일찍이 하루도 고서를 손에서 놓은 적이 없었다. 그의 방은 매우 작았다. 그러나 동창·남창·서창이 있어 동쪽 서쪽으로 해를 따라 밝은 데에서 책을 보았다. 보지 못한 책을 보면 문득 기뻐서 웃으니, 집안사람들은 그의 웃음을 보면 기이한 책을 구한 것을 알았다. 자미(子美, 두보의 자)의 오언율시를 더욱 좋아하여 앓는 사람처럼 웅얼거리고, 깊이 생각하다가 심오한 뜻을 깨우치면 매우 기뻐서 일어나 왔다 갔다 하는데 그 소리가 마치 갈까마귀가 짖는 듯하였다. 혹은 조용히 아무 소리도 없이 눈을 크게 뜨고 멀거니 보기도 하고, 혹은 꿈꾸는 사람처럼 혼자서 중얼거리기도 하니, 사람들이 지목하여 간서치(看書痴)라 하여도 웃으며 받아들였다.[14]

이와 같이 이덕무는 오로지 독서를 통해서만 삶의 희열을 찾던 선량하고 고고한 선비였다. 평소 말수가 적은 박제가도 자상한 이덕무 앞에서만은 자신의 소회를 숨김없이 털어놓았다. 뿐만 아니라 때때로 이덕무에게 장난을 치기도 했다. 이덕무가 단 음식을 무척 좋아하여, 모두들 그 앞에서는 단것이 있어도 사양하면서 먹기를 꺼려했다. 그런데 박제가만은 이에 아랑곳하지 않고 능청스런 얼굴로 이덕무의 것을 모두 빼앗아 먹곤 했다.

　내가 단것에 대해서는 마치 성성(猩猩)이가 술을 좋아하고 원숭

---

14 이덕무,『청장관전서』권4,「전(傳)」, 간서치전:『국역청장관전서』I, 민족문화추진회, 290쪽.

이가 과일을 즐기는 것과 같으므로 내 친구들은 모두 단것을 보면 나를 생각하고 단것이 있으면 나를 주곤 하는데, 초정(박제가)만은 그렇지 못하오. 그는 세 차례나 단것을 먹게 되었는데, 나를 생각지 않고 주지 않을 뿐만 아니라 남이 나에게 먹으라고 준 것까지 수시로 훔쳐 먹곤 하오. 친구의 의리에 있어 허물이 있으면 규계하는 법이니, 족하는 초정을 깊이 책망해 주기 바라오.[15]

자기보다 무려 열네 살이나 어린 이서구(李書九, 1754~1825)에게 편지를 쓰면서 이덕무가 익살을 떠는 장면이다. 이서구 또한 백탑파[16] 문인 모임의 일원으로서 이덕무, 박제가와 절친하게 지내고 있었으므로 이 두 사람의 허물없는 관계를 잘 알고 있었다. 이덕무가 이를 알고 이서구에게 편지를 써서 박제가의 이야기를 농담 삼아 했던 것이다. 박제가를 매개로 하여 서로 간의 우정을 더욱 돈독히 하며 웃고 지내던 한때를 연상시킨다.

이서구는 양반 사대부가의 적자로서 백탑파의 인물들 중에서는 가장 어린 나이에 속했으나, 이덕무와는 서로 마음이 통하는 절친한 사이였다. 독서하기를 좋아했던 이서구는 이덕무가 뛰어난 학식을 소유했다는 말을 듣고 찾아가 자신이 갖고 있는 도서의 교정과 평을 부탁했다. 이때부터 두 사람은 자기에게 있는 귀중한 서책을 서로

---

15 이덕무, 『청장관전서』 권20, 『간본아정유고(刊本雅亭遺稿)』 권6, 「문(文)」, 여이락서서구서(與李洛瑞書九書); 『국역청장관전서』 IV, 민족문화추진회, 192쪽.
16 연암 박지원을 중심으로 한 동인집단을 지칭하는 말. 학계에서는 이외에 연암그룹, 연암일파, 북학파 등으로도 부른다.

이서구의 공적을 기리는 '순찰 사이공서구영세불망비(巡察使李 公書九永世不忘碑)'. 전북 태인 소재.

빌려 주고 또 빌려 보면서 학문의 낙을 즐겼다. 이덕무는 이서구가 자기를 처음 찾았을 때의 감흥을 다음과 같이 적고 있다.

족하가 나에게 부탁하여 그 장서(藏書)를 나의 자필로 교정하고 평점하게 한다는 말을 듣고 너무 기뻐서 잠을 이루지 못하였소. 내 가 18, 19세 때에 거처하던 집의 이름을 구서재(九書齋)라 하였는데,

이는 바로 독서(讀書)·간서(看書)·장서(藏書)·초서(鈔書)·교서(校書)·평서(評書)·저서(著書)·차서(借書)·폭서(曝書)를 일컬은 것이었는데, 10년 후에 족하의 명자(名字, 이름)와 서로 맞아떨어지니(이서구의 이름이 한자로 書九임을 말하는 것) 우연한 일이 아니오.[17]

이처럼 이덕무는 이서구와의 기이한 인연을 매우 소중하게 생각했다. 독서에 있어서만큼은 누구에게도 뒤지지 않는 이덕무였지만, 한편으로 그는 어린 이서구에게 배고픈 선비의 처량한 신세를 한탄하기도 하였다. 이서구와는 그만큼 독서지인(讀書之人)으로서 흉허물이 없었다는 뜻이다. 그러나 이덕무의 하소연에는 '강한 의지가 없이는 학자의 길을 갈 수 없을 것'이라는 속깊은 충고의 뜻이 담겨 있었다.

내 집에 가장 좋은 물건은 다만 『맹자』 일곱 책뿐인데, 오랫동안 굶주림을 견디다 못해 돈 이백 닢에 팔아 밥을 잔뜩 해먹고 희희낙락하며 유득공에게 달려가 자랑하였소. 그런데 유득공의 굶주림 역시 오랜 터이라, 내 말을 듣고 즉시 『좌씨전』을 팔아 그 남은 돈으로 술을 사다가 나에게 마시게 하였으니, 이는 맹자가 친히 밥을 지어 나를 먹이고 좌구생(左丘生, 즉 『좌씨전』의 저자인 좌구명(左丘明))이 손수 술을 따라 나에게 권한 것과 무엇이 다르겠소. 그리하

17 이덕무, 『청장관전서』 권20, 『간본아정유고』 권6, 「문」, 與李洛瑞書九書: 『국역청장관전서』 IV, 민족문화추진회, 190쪽.

여 맹씨와 좌씨를 한없이 찬송하였으니 우리가 1년 내내 이 두 책을 읽기만 하였던들 어떻게 조금이나마 굶주림을 구제할 수 있었겠소. 이 참으로 글을 읽어 부귀를 구하는 것이 도대체 요행을 바라는 술책이요. 당장에 팔아서 한때의 취포(醉飽)를 도모하는 것이 보다 솔직하고 가식이 없는 것이라는 것을 비로소 알았으니 서글픈 일이오. 족하는 어떻게 생각하시오?[18]

18 이덕무,『청장관전서』권20,『간본아정유고』권6,「문」, 與李洛瑞書九書;『국역청장관전서』IV, 민족문화추진회, 191쪽.

5 사람을 사귀는 도리

유유상종이라 했던가! 박제가가 좋아한 이덕무는 사람을 사귀는 데 있어서 박제가와 비슷한 나름대로의 감식안을 갖고 있었다. 박제가가 권문세가들을 멀리했던 것처럼 이덕무도 외양이 화려한 사람들보다는 진솔한 인간미를 지닌 사람을 좋아하였다. 이덕무가 비록 서얼이긴 했지만 당대의 학식을 대표하는 지식인으로서 똥 푸는 사람과 친교를 맺고 있었다는 사실은 당시에도 화젯거리였다. 박지원이 지은 「예덕선생전(穢德先生傳)」에 그 이야기가 전해진다.[19]

종본탑(宗本塔) 동쪽에 마을의 똥을 져 나르는 것으로써 생계를 삼고 있는 엄행수라는 사람이 살았다. '행수'는 막일 하는 늙은이에게 붙이는 호칭이다. 어느 날 자목(子牧)이라는 제자가 이덕무에게 말했다.

"이 세상에 한다하는 양반 중에서 선생님의 지도를 받고자 하는

---

19 박지원, 『연암집(燕巖集)』 권8, 「전(傳)」, 예덕선생전(穢德先生傳).

이가 수두룩한데도 선생님께서는 상대도 하지 않으셨습니다. 그런데 지금 엄행수란 자는 별로 기술이 필요 없는 노동을 하는 하층의 처지요, 마주 서기 욕스러운 자가 아닙니까? 선생님께서 그의 인격을 높이어 스승이라고 일컬으면서 장차 교분을 맺어 벗이 되시니, 저까지 부끄러워 견디지 못하겠습니다. 이제 선생님의 문하를 하직하려 합니다."

이덕무가 웃으면서 말했다.

"거기 앉게. 대체로 장사치의 벗은 잇속으로 사귀고, 체면을 차리는 양반네의 벗은 아첨으로 사귀네. 잇속으로 사귀어서는 지속되기 어렵고 아첨으로 사귀면 오래 가지 못하는 법이지. 만일 깊숙하게 사귀자면 체면 같은 것을 볼 것이 없고, 진실하게 사귀자면 특별히 죽자 사자 할 것이 없네. 오직 마음으로 벗을 사귀며 인격으로 벗을 찾아야만 도덕과 의리의 벗으로 되네. 이렇게 사귀는 벗은 천 년 전의 옛 사람도 아득히 떨어져 있는 것이 아니요, 만 리의 거리도 먼 것이 아닐세."

이덕무는 계속 말을 이어 나갔다.

"저 엄행수란 분이 언제 나와 알고 지내자고 요구한 적이 없었지만, 그저 내가 늘 그분을 찬양하고 싶어서 견디지 못하는 것이라네. 그의 손가락은 굵직굵직하고, 그의 걸음새는 겁먹은 듯하고, 그가 조는 모습은 어리숙하고, 웃음소리는 껄껄대는 편이지. 그의 살림살이도 바보 같네. 흙으로 벽을 쌓고 볏짚으로 지붕을 덮어 구멍을 내었으니, 들어갈 때에는 새우등이 되었다가, 잠잘 때에는 개처럼 주둥이를 틀어박고 자네.

아침 해가 뜨면 부석거리고 일어나, 발채(지게 위에 얹는 채)를 메고 동네에 들어가 뒷간을 쳐 나르지. 구월에 서리가 내리고 시월에 살얼음이 얼어도 뒷간의 남은 찌꺼기와 말똥, 소똥, 집안 구석구석에서 닭의 똥, 개똥, 거위똥, 돼지똥, 비둘기똥, 토끼똥, 참새똥 등 똥이란 똥을 귀한 보물처럼 모조리 걸레질해 가도 누가 염치 뻔뻔하다고 말할 사람은 없단 말일세.

혼자 이익을 남겨 먹어도 누가 의리를 모른다고 말할 사람이 없고 많이 긁어모아도 누가 양보심이 없다고 말할 사람이 없네. 손바닥에다가 침을 탁 뱉어서 삽을 들고는 허리를 구부리고 꺼불꺼불 일을 하는 것이 마치 날짐승이 무엇을 쪼아 먹고 있는 것과 흡사하거든.

그는 화려한 외관도 힘쓰려 하지 않고 풍악을 잡히며 노는 것도 바라지 않지. 돈이 많아지고 지위가 높아지는 일을 누가 원하지 않을까만 원한다고 해서 얻어질 것이 아니기 때문에 애초부터 부러워하지 않는단 말일세.

왕십리의 배추, 살곶이 다리의 무우, 석교의 가지 오이 호박, 연희궁의 고추 마늘 부추 파 염교, 청파의 미나리, 이태원의 토란 등을 아무리 토질이 좋은 곳에 심는다 하여도 모두 엄씨의 똥거름을 가져다 써야 토질이 비옥하고 채소가 실하게 되지. 엄씨는 매년 육천 냥이나 되는 돈을 버는데도 아침이면 밥 한 그릇만 먹고도 의기양양하고, 저녁에도 밥 한 그릇뿐이지. 누가 고기를 좀 먹으라고 권하면 고기반찬이나 나물반찬이나 목구멍 아래로 내려가서 배부르기는 마찬가지인데 입맛에 당기는 것을 찾아 먹어서는 무얼 하느냐고 하네."

이덕무는 잠시 허공을 응시하다가 다시 말을 이었다.

"저 엄행수는 똥과 거름을 져 날라서 불결하다 하겠으나 그가 밥벌이하는 방법을 따져 보면 지극히 향기로운 것일세. 그리고 그의 몸가짐은 더럽기 짝이 없지만 의로움을 지키는 자세는 지극히 높고 꿋꿋한 것이네. 이런 것을 보면 고결한 가운데도 고결치 못한 것이 있고, 더러운 가운데도 더럽지 않은 것이 있네. 그래서 나는 음식과 의복에 어려움을 당해 견딜 수 없을 경우에는 나보다 못한 곤궁한 사람들을 생각하네. 엄행수를 생각하면 견디지 못할 것이 없지.

무릇 선비가 궁하게 산다 해서 궁기가 얼굴에 드러나는 일도 부끄러운 일이고, 뜻을 얻어 출세하매 온몸을 거들먹거리는 것도 부끄러운 일이야. 나는 엄행수를 보고 얼굴을 붉히지 않을 사람이 거의 없을 것으로 아네. 그래서 그를 벗으로 생각하고 있네. 그리고 나는 엄행수를 감히 이름 부르지 못하고 예덕선생(穢德先生)이라 칭하는 것일세."

6 협객 백동수

　　　　박제가에게 있어서 빼놓을 수 없는 또 한 명의
친구는 백동수였다. 박제가의 집이 백동수가 살고 있던 청교동으로
이사를 온 이듬해인 1757년 무렵부터 두 사람은 절친하게 지내기 시
작했다. 당시 박제가가 여덟 살이었고, 백동수가 열다섯 살이었다.
백동수는 박제가의 이복형인 제도를 만나러 가는 길에 매번 제가를
찾았다. 백동수는 자기보다 일곱 살이나 어린 박제가를 친동기간처
럼 보살펴 주었다.

　박제가의 아버지 박평이 죽은 이후, 백동수는 박제가의 재주를 아
껴 훌륭한 스승이나 좋은 벗을 소개시켜 줘야겠다고 생각하였다. 그
래서 자신이 아는 유력자들을 만날 때마다 박제가를 칭찬하는 말을
하곤 하였다. 이덕무와 박지원에게 박제가의 존재를 알려준 사람도
바로 백동수였다. 그 덕분에 박제가는 백탑파의 지식인들과 만날 수
있었다. 그 세계는 서얼로서 고통 받던 박제가에게 유일한 삶의 안식
처 구실을 하였다.

　백동수는 1790년 박제가와 이덕무가 규장각 검서관으로서 왕명
을 받아『무예도보통지(武藝圖譜通志)』를 편찬할 때 함께하여 완성한

장본인이기도 하다. 이 책을 만들 때 무예 실기 부분을 담당한 장용영 초관이 바로 그였다.

백동수는 무예 실력이 출중하였고, 의협심이 대단하였다. 백동수의 증조부는 고위 무관이었으나 할아버지가 서자였기에 그 역시 서자의 신분으로 살아갈 수밖에 없었다. 경종 때 신임옥사에 연루되어 죽은 평안도 병마절도사 백시구가 그의 증조부였다. 영조의 집권으로 신임옥사와 관련된 노론의 정치 명분이 회복되면서 백동수의 할아버지 백상화가 1754년에 황해도 장련 현감으로 부임하였다. 장련 현감은 종6품의 미미한 관직이었지만, 서얼인 백상화가 오를 수 있는 최고의 자리였다. 백동수는 장련 현감으로 부임하는 할아버지를 따라 황해도에 가서 1757년 봄까지 머물렀다.

그전에는 백상화가 평안도 병영에서 일했기 때문에 유년 시절의 백동수 역시 평안도의 분위기에 매우 익숙해질 수 있었다. 백동수는 열 살 때부터 평안도 병영에 있는 할아버지를 만나러 서울에서 안주까지 혼자 걸어다녔다. 이와 같이 백동수는 할아버지의 관직 생활 덕분에 평안도와 황해도의 거칠고 활달한 야성을 체득하면서 담력을 쌓았다. 그리고 이런 경험은 그후 박지원에게 연암협(황해도 금천)을 소개시켜 줄 수 있는 바탕이 되기도 하였다.

한양으로 돌아온 백동수는 숙종 때 검선(劍仙)으로 불렸던 김체건의 아들 김광택에게서 검술을 배웠다. 김광택은 성대중이 여항에 숨어 있는 다섯 기사(奇士) 중 한 사람으로 소개한 이였다. 이후 백동수는 1771년 무과에 합격했으나 오랫동안 관직에 나아가지 못하고 1788년에야 병사들에게 창검 무예를 지도하는 장용영 초관으로서

관직 생활을 시작하였다. 1790년에 『무예도보통지』를 만든 공로로 비인 현감에 임명되었다가 1816년에 세상을 떠났다.

백동수는 시원스런 성격과 좋은 수완 덕택에 세상에 그 이름이 일찍부터 알려졌다. 그와 친교를 맺으며 우정을 나눈 사람은 이루 헤아릴 수 없이 많았고, 그들의 분포도 한양에 국한된 것이 아니라 전국적으로 두루 퍼져 있을 정도였다. 위로는 정승·판서와 목사·관찰사에서부터 현인·명사들에 이르기까지 모두가 그의 벗이었고 또한 그를 인정하여 치켜세웠다. 그 밖에 친척이나 마을 사람들, 그리고 혼인의 의를 맺은 사람들이 한둘이 아니었다.

이덕무도 백동수에 대한 자부심이 대단하였다. 이덕무는 1756년 백동수의 두 살 위 누이와 혼인하였다. 이때 백동수의 나이는 열넷이었다. 백동수의 자형인 이덕무는 백동수와 같이 양심적이고 기상이 뛰어난 선비들을 냉소할 뿐 그들을 온전하게 부양하지 못하는 천박한 세상의 인심을 깊이 탄식하였다. 이덕무는 1761년(영조 37) 1월 20일에 「야뇌당기(野餒堂記)」에서

야뇌(野餒)는 누구의 호인가? 나의 벗 백영숙의 자호(自號)이다. 내가 영숙을 보매 기위(奇偉)한 사람인데 무엇 때문에 비이(鄙夷, 낮고 보잘것없는 자리)한 데 자처하는가? 나는 이 까닭을 알고 있다. 대저 사람이 시속에서 벗어나 군중에 섞이지 않는 선비를 보면 반드시 조롱하기를 "저 사람은 얼굴이 순고하고 소박하며, 의복이 시속을 따르지 아니하니 야인(野人)이구나. 언어가 질박하고 성실하며 행동거지가 시속을 따르지 않으니 뇌인(餒人)이구나." 한다.

그리하여 드디어는 함께 어울려 주지 않는다. 온 세상이 모두 이러하니 이른바 야뇌라고 하는 자도 홀로 행하여 다난(多難)하고, 세상 사람들이 자기와 함께 어울려 주지 않는 것을 탄식하고 후회해서 그 순박한 것을 버리거나 부끄러워하여 그 질실(質實)한 것을 버리고서 점차로 박한 것을 좋아가니 이것이 어찌 진정한 야뇌이겠는가? 참으로 야뇌스러운 사람은 또한 볼 수 없다.

라고 적었다. 이어서 백동수가 왜 진정한 선비인지를 다음과 같이 말하였다.

영숙은 고박(古樸)하고 질실한 사람이라 차마 질실한 것으로써 세상의 화려한 것을 사모하지 아니하고, 고박한 것으로써 세상의 간사한 것을 따르지 아니하여 굳세게 우뚝 자립해서 마치 저 딴 세상에 노니는 사람과 같다. 그러므로 세상 사람 모두가 비방하고 헐뜯어도 그는 조금도 야(野)한 것을 뉘우치지 않고 뇌(餒)한 것을 부끄러워하지 않으니 이야말로 진정한 야뇌라고 이를 수 있지 않겠는가? 이러한 것을 누가 알 것인가? 나만이 잘 알고 있으니 그렇다면 야뇌라고 이르는 것은 세상 사람들은 하찮게 여기는 것이지만 나는 그대에게 기대하는 바이니 앞서 내가 이른바 "비이한 데 자처한다." 한 것은 마음에 격동하여 말한 것이다.[20]

---

20 이덕무, 『청장관전서』 권3, 「기(記)」, 야뇌당기(野餒堂記); 『국역청장관전서』 I, 민족문화추진회, 234쪽.

이 글 끝에 이덕무는 "영숙은 '내가 자기 마음을 알아준다.' 하였다."는 구절을 넣어 백동수와의 두터운 우정을 은근히 과시하였다.

백동수의 뒤에는 항시 그를 따르는 무리들이 북적였다. 말을 달리고 활을 쏘며, 검을 쓰고 주먹을 뽐내는 부류와 서화·인장·바둑·금슬·의술·지리·방기(方技)[21]의 무리로부터 시정의 교두꾼, 농부, 어부, 푸줏간 주인, 장사치 같은 천인에 이르기까지 길거리에서 만나서 누구하고나 날마다 도타운 정을 나누었다. 또 줄을 이어 문을 디밀고 찾아오는 사람들을 상대하여 그 사람의 처지에 맞게 낯빛을 바꾸어 대우하여 환심을 얻었다.

백동수는 각 지방의 산천과 풍속, 명물, 고적뿐만 아니라 수령의 치적과 백성의 숨은 불평, 군정(軍政)과 수리(水利)의 일에 이르기까지 모두 훤히 꿰뚫었다. 그는 그러한 장기를 가지고 사귀고 있는 많은 사람들 사이에서 노닐면서 마음껏 질탕하게 즐겼다. 그러나 뜻에 맞는 친구 하나를 고르라면 주저없이 박제가를 꼽았다. 때때로 그는 달리 갈 곳이 없다고 말하면서 박제가의 집 문을 두드렸다.[22]

백동수는 박제가보다 나이 일곱이 위였다. 그렇지만 나이 차이를 괘념치 않고 박제가를 진정한 친구로서 대해 주었다. 그는 집안에

---

21 방술(方術). 신선도에서 방사(方士)가 행하는 갖가지 술법. 『한서(漢書)』 「예문지(藝文志)」에 방술서로서 의경(醫經)·경방(經方)·방중(房中)·신선술(神仙術)의 네 종류를 들고 있는데, 뒤에 복서(卜筮)·점험(占驗) 등도 더해졌다. 방술을 행하여 그 술법을 터득한 사람을 방사라고 하는데, 『한서』에 방사의 전기를 모은 「방사전」이 있다.
22 박제가, 『정유각집』 권1, 「서(序)」, 송백영숙기린협서(送白永叔基麟峽序); 박제가 지음, 안대회 옮김, 『궁핍한 날의 벗』, 태학사, 2000, 111쪽.

이틀 양식이 구비된 것도 아닌데, 박제가를 만나면 오히려 차고 있던 칼을 끌러서 술을 받아 마셨다. 마신 술로 거나해지면 목청 높여 노래 부르며 남을 깔보듯 꾸짖고는 껄껄 웃어 버렸다. 백동수는 평생 의기(意氣)를 중시하여 천금을 손수 흩어서 남을 도운 적이 여러 번 있었다. 그러나 끝내 우대받지 못하여 사방 어디에서도 입에 풀칠조차 할 수 없게 되었다. 과거에 급제하기는 하였으나 녹록하게 세상의 비위를 맞추어 공명을 얻는 데 뜻을 두지 않았다. 1771년 무과에 합격하고도 실직을 얻지 못하였다. 과거에 급제하고도 버슬을 얻지 못한 사람인 '선달' 생활을 시작한 것이다.

1773년에 그에게 관직 진출의 기회가 찾아왔다. 서얼 가운데에서 인재를 골라 선전관에 임명하라는 영조의 명령이 떨어졌다. 선전관은 왕의 경호를 주로 담당하면서 왕의 명령을 전달하는 임무를 맡고 있었으므로 사실상 무인(武人) 비서관[西班承旨]과 같은 요직 중의 요직이었다. 그러나 행수선전관(行首宣傳官, 정3품 당상관)인 백동준이 신분 차별의 인습에 가려 영조의 명을 제대로 따르지 않았다. 영조는 진노하여 그에게 곤장을 내리고 일개 군사로 강등시켰다. 안타까운 것은 바로 백동준이 백동수의 재종형이었다는 점이다.

영조의 엄명으로 다시 선전관청에서 본격적으로 선전관에 임명할 서자 출신을 물색하였다. 이때 그 후보자 명단에 드디어 백동수의 이름이 올랐다. 그러나 조정 관료들은 왕의 노여움을 사서 유배를 간 행수선전관 백동준의 자리에 그의 재종형제인 백동수를 임명하는 것은 불가하다는 결론을 내렸다. 그 때문에 백동수는 선전관에 임명되지 못했다. 백동수로서는 국왕을 가까운 거리에서 모실 수 있는 좋은 기회를 놓친 것이다. 실의한 백동수는 모든 것이 끝난 것과 같은 좌절감에 빠졌다. 결국 그는 현실 세상에 발을 못 붙이고, 험하디 험한 궁벽 산촌인 기린협(인제)으로 들어가고자 했다.

기린협은 옛날에는 예맥의 땅이었는데 험준하기가 동해 부근에서 제일로 소문이 났다. 수백 리 땅이 모두 큰 산봉우리와 깊은 골짜기로서 나뭇가지를 부여잡고서야 들어갈 수 있었다. 그곳 백성들은 화전으로 곡식을 가꾸며 판자로 집을 짓고 살 뿐이고, 사대부는 살지 않았다. 낮이 되어 문밖을 나서면 열 손가락에 못이 박인 나무꾼과 봉두난발의 광부만이 화로를 앞에 두고 빙 둘러 앉아 있고, 밤이 되면 솔바람이 쏴르르 일어 집을 돌아 스쳐가고, 외로운 산새, 슬픈 짐승이 울부짖어 그 소리가 골짜기에 울려 퍼졌다.[23]

북학파의 거두 박지원도 백동수의 인물됨을 알아주는 사람 중 한 명이었다. 박지원은 백동수와 특별한 인연이 있었다. 1771년(영조 47) 박지원이 35세의 나이로 과거를 포기하고 백동수 등과 함께 송도·평양 등지를 거쳐 천마산·묘향산 등지를 유람한 적이 있었다. 그때 백동수가 황해도 금천군 연암협을 소개해 주었는데, 박지원은 이때부터 연암(燕巖)이란 호를 스스로 붙이고, 후에 여기에 은둔할 뜻을 굳혔다. 이제나 저제나 연암협으로 들어갈 때를 엿보던 박지원에게 백동수가 기린협으로 들어간다는 소식은 그야말로 마른하늘에 날벼락 같은 것이었다. 박지원은 애써 그 서운함을 달래려고 노력하

23 박제가, 『정유각집』 권1, 「서」, 送白永叔基麟峽序; 박제가 지음, 안대회 옮김, 『궁핍한 날의 벗』, 태학사, 2000, 112쪽.

였다. 그리고 서글픈 자신의 심정을 「증백영숙입기린협서(贈白永叔入
麒麟峽序)」에서 다음과 같이 표현하였다.

이제 영숙은 기린협에서 살겠다고 한다. 송아지를 지고 들어가
키워서 밭을 갈겠다고 한다. 소금도 된장도 없는지라 산아가위와
돌배로 장을 담그리라고 한다. 그 험하고 가로막혀 궁벽한 품이 연
암협보다도 훨씬 심하니, 어찌 견주어 볼 수 있겠는가? 그러나 나
는 갈림길 사이를 서성이면서 여태껏 거취를 결정하지 못하고 있
으니, 하물며 감히 영숙이 떠나는 것을 막을 수 있겠는가? 나는 그
뜻을 장히 여길지언정 그 궁함을 슬퍼하지 않으련다.[24]

박지원의 수사적 표현대로, 송아지를 지고 들어가야 할 만큼 험하
디 험한 곳이 기린협이었다.

박제가도 기린협으로 떠나는 백동수를 위해 두 사람의 우정을 회
상하며 「송백영숙기린협서(送白永叔基麟峽序)」를 지어 주었다.

나의 벗 백영숙은 재기(才氣)를 자부하며 살아온 지 30년이로되
여태껏 곤궁하게 지내며 세상에서 대우를 받지 못하였다. 그가 이
제 양친을 모시고 깊은 골짜기에 들어가 생계를 꾸려 가려 한다.
오호라! 그와의 사귐은 곤궁함으로 맺어졌고, 그와의 사귐은 가난
함으로 채워졌다. 나는 그것이 못내 슬프다. 영숙이여, 떠나십시

24 박지원, 『연암집』권1, 「서(序)」, 증백영숙입기린협서(贈白永叔入麒麟峽序).

오! 저는 지난 날 궁핍 속에서 벗의 도리를 깨달았습니다. 그렇지만 영숙과 제 사이가 어찌 궁핍한 날의 벗에 불과하겠습니까?[25]

박제가는 백동수를 기린협으로 보내면서, 지난 날 궁핍 속에서 벗의 도리를 깨달았다고 회고하였다. 박제가는 곤궁할 때의 벗이 가장 좋은 벗이라는 사실을 진리라고 여겼다. 그것은 허물이 없고 시시콜콜한 관계라고 경시해서 그런 것이 아니요, 또 요행으로 얻을 수 있다고 해서 그런 것도 아니었다. 처한 사정이 같기 때문에 지위나 신분에 얽매일 필요가 없고, 근심하는 바가 같기 때문에 서로의 딱한 처지를 잘 이해하므로 그렇게 말한 것이었다. 박제가는 아무 때이고 친구집 문을 벌컥 열고 들어가 안부를 묻곤 하루 종일 아무 말 없이 베개를 청하여 한잠 늘어지게 자고 떠나기도 했다. 그래도 다른 사람과 십 년간 사귀며 나눈 대화보다 낫다고 여겼다. 백동수가 바로 그런 친구였다.

---

25 박제가, 『정유각집』권1, 「서」, 送白永叔基麟峽序. '기린협'의 한자를 각각의 문집에서 확인해 보면, 박지원은 '麒麟峽'으로, 박제가는 '基麟峽'으로 다르게 사용하고 있는 것이 눈에 띈다. 한자로 표기할 때 어느 지명이 정확할까? 『신증동국여지승람(新增東國輿地勝覽)』권16, '인제(麟蹄)' 조에 보면 春川府 '基麟縣'이라고 되어 있으므로, 박제가가 쓴 한자가 정확한 것이었음을 알 수 있다.

7 즐거운 시절

　　검서관으로 뽑혀 대궐로 들어가기 전까지 비록 가난했지만, 박제가는 친구들과 함께 산수를 감상하면서 자유스럽고 행복한 나날을 보냈다. 무자년(1768) 6월 그믐 박제가와 이덕무는 몽답정(夢踏亭)에 올랐다. 함께 한 사람들은 윤병현과 유운이었고, 어린 동자 갑광이와 정대도 이들을 뒤따랐다. 이들은 몽답정에서 쉬면서 참외 13개를 깎았다. 나름대로 준비한 소풍 음식이었다.

　자리를 마련한 뒤 이들은 서로 시를 지어 몽답정에 오른 감흥을 표현했다. 준비해 간 지필묵이 없어 즉석에서 이것들을 마련하였다. 박제가의 소매를 뒤져 흰 종이를 얻고 부엌에서 그을음을, 냇가에서 기왓장을 얻었다. 시를 다 짓자 붓이 없기에 이덕무는 솜대 줄기를 뽑아오고, 윤병현은 운부〔韻府, 운목(韻目)을 모아놓은 책〕의 낡은 종이로 노를 꼬고, 유운은 돌배나무 가지를 깎고, 박제가는 부들 순을 씹어서 붓 대신 사용하였다. 연꽃은 향기가 나고 매미는 울고 폭포는 물을 튀기는 가운데 그들은 동심어린 시작에 몰두하였다. 이밖에도 이덕무와 박제가는 동료들과 함께 삼청동의 읍청정(挹淸亭)이나 그 밖에 천우각(泉雨閣) 등과 같은 경승지를 찾아다니면서 시를 짓고 자

천우각 | 현재의 남산골 한옥마을에 있는 정자. 남산 북쪽 기슭의 필동 일대는 청학이 사는 신선 동네라 하여 청학동(靑鶴洞)으로 불렸으며, 경관이 아름다워 삼청동(三淸洞) · 인왕동(仁王洞) · 쌍계 동(雙溪洞) · 백운동(白雲洞)과 더불어 한양5동으로 손꼽혔다. 특히 여름철의 피서처로 유명했다.

연을 감상하였다.

어느 비바람 치는 날 이덕무와 함께 자며 느꼈던 감흥을 박제가는 다음과 같은 아름다운 시로 노래하였다.

몇 해가 지나도록 집 밖에도 안 나가는

굳건한 그 의지 장하기도 하여라

책 속에서 벗을 찾아 다정스레 속삭이고

그림 속 소주, 항주[26]

앉아서 구경하네

다듬이 울려오자 첫서리가 내렸는가
벌레 떼 함께 울 제 달은 서로 기우네
한 해가 저무니 더욱 더 생각나라
꿈결에도 그리운 그 임 어디 계시나!

목욕한 듯 비 지나고 달이 누에 가득하다
이 밤 만 리 강산에 가을이 깃드누나
서쪽 보고 웃는 장님[27]
망상만 많으리라
날려는 붕새같이 어디를 향하려나
하늘엔 깜박깜박 별들 요란하고
땅에는 우수수 낙엽이 지는데
내 시름 있으면 그대 그새 알아주니
우리 둘의 우정밖에 무엇을 구할쏘냐![28]

　이와 같이 허물없이 교제하는 사이에도, 이덕무는 늘 자기보다 나이가 아홉 살이나 어린 박제가를 보도(輔導)하는 데 게으르지 않았다. 박제가는 성격이 매인 데가 없어 그때그때 기분에 따라 행동하는 경우가 종종 있었다. 박제가는 항상 그 장인 이 병사(兵使)의 말을

26 소주(蘇州), 항주(杭州): 중국의 풍경 아름다운 지방들.
27 중국 관동 속담 "장안이 좋다 하니 문에 나서 서쪽만 봐도 웃네."를 인용한 것.
28 박제가, 『정유각집』 초집, 「시(詩)」, 무관석지적유풍우류지공숙(懋官夕至適有風雨留之共宿); 김상훈·상민 역, 『사가시선(四家詩選)』, 여강, 2000, 225쪽.

안장도 없이 타곤 하였다. 박제가의 장인 이
관상(李觀祥, 1716~1770)은 충무공 이순신의
5대손으로, 박제가의 처 덕수(德水) 이씨(李
氏)는 그 서녀였다.

박제가가 술에 취한 어느 날 밤에 또다시
안장도 없는 장인의 말을 타고 이서구의 집을
찾은 적이 있었다. 그는 술이 깨자 곧 후회하
였는데, 가장 먼저 뇌리를 스친 것은 형암(炯
菴, 이덕무의 호)이 알까 두렵다는 생각이었다.

그러나 달밤에 술 취한 상태에서 안장도
없는 말을 타고 종로 한복판으로 내달리는 그
러한 진풍경은 소문이 나게 마련이었다. 이덕
무는 그 사실을 이미 알고 있었다. 그리고 가
끔씩 술에 취해 호기를 부리는 박제가를 다소
염려하였다.

얼마 후 박제가가 영변으로 유람을 떠났
다. 1769년 박제가가 스무 살일 때 그의 장인
이관상이 영변 도호부사로 부임하는 차에 박
제가를 데리고 간 것이다. 산수 좋은 곳에서

박제가, 「연평초령의모도」 ｜ 명말 청초, 명나라 부흥운동의 중심인
물이었던 정성공(鄭成功, 1624~1662)의 어릴 적 고사를 그린 작품.
박제가의 여느 그림들과는 확연히 다른 화풍을 보이는 색다른 작
품이다.

박제가에게 과거 공부를 시키려는 장인의 배려였다. 박제가는 한동 안 영변에서 장인을 모시고 있었다. 이덕무는 편지를 보내 박제가가 술에 취해 안장 없는 말을 타고 이서구의 집을 찾은 일을 들면서, 타향에서 쓸데없는 객기를 부린다거나 여색에 한눈파는 일을 하지 말고 선비의 체통을 잘 지킬 것을 당부하였다. 「기박재선여유영변부 (寄朴在先旅遊寧邊府)」가 그 시다.

> 이 절도사의 집 누른 몽고 말을
> 달밤에 술이 취해 안장 없이 탔구나.
> 철교는 우뚝우뚝 발굽 아래 나오고
> 백탑은 어른어른 눈 아래 옮겨 간다.
> 남은 어찌 협기가 많으냐 하지만
> 자신은 도리어 선비 자세 잃는 것 부끄럽네
> 멀리 생각하건대 홀로 초정집(楚亭集) 펴고서
> 관서의 꽃 같은 계집 품지는 않으리[29]

평북 영변에서 유람을 하던 박제가가 이덕무의 편지를 받고 곧장 답장을 부쳤다. 이덕무는 박제가의 편지를 받고는 반가움을 이기지 못하였다. 그리고 즉시 「단오날 감회가 있던 중, 초정이 철옹성에 유람하면서 장편시를 부쳐 옴[端午日有懷楚亭生遊鐵甕城寄長篇]」이라는

---

29 이덕무, 『청장관전서』 권9, 『아정유고』 1, 「시」 1, 기박재선여유영변부(寄朴在先旅遊寧邊府); 『국역청장관전서』 II, 민족문화추진회, 192쪽.

시를 지어 박제가를 그리는 절절한 마음을 표현하였다.

    좋은 시절에 만나지 못하는 박초정은
    멀고먼 철옹성에 막혀 있다네
    지나간 일 헤어 보고 미래를 생각하니
    헤어진 지 오래어 정회가 괴롭구나
    한식날 · 정월보름날 모두 다 이러했으니
    추석날 · 구일날도 아마도 그러리라
    무슨 수를 써야 이내 생각 막을지
    예전의 사귀지 않았을 때처럼 잊고도 싶지만
    흰 바탕 비단에 한번 든 물 씻어질까
    묘향산 온갖 나무에 단풍이 들거들랑
    어서어서 돌아와서 긴긴 회포 풀어 주게[30]

---

30 이덕무, 『청장관전서』 권9, 『아정유고』 1, 「시」 1, 단오일유회초정생유철옹성기장편(端午日有懷楚亭生遊鐵瓮城寄長篇); 『국역청장관전서』 II, 민족문화추진회, 194쪽.

8 박지원 선생을 만나다

사제지간이 될 수도 있는 나이차에도 불구하고 마음에서 우러나오는 깊은 우정을 나누었던 박제가와 이덕무의 관계는 박지원이라는 실학의 거두를 중심으로 더욱 공고하게 유지될 수 있었다.

박지원은 1737년(영조 13) 2월 5일 한양 서부 반송방 야동(서소문)에서 태어났다. 그의 할아버지 박필균(朴弼均, 1685~1760)은 3남 1녀를 두었는데, 박지원의 아버지 박사유(朴師愈, 1703~1767)가 장남이었다. 박필균은 소론 집권기에는 은거하다가 영조가 집권하자 문과에 급제하여 경기감사, 대사간, 호조 · 병조참판을 거쳐 돈녕부지사를 역임하였다. 박지원의 부친 박사유는 벼슬을 하지 않아 집안 형편이 몹시 어려웠다.

1752년 박지원은 16세의 나이로 이보천(李輔天)의 딸과 결혼했다. 이보천은 세종의 별자 계양군의 후손이었다. 어려서 부친을 여읜 뒤 김창협의 고제인 종숙부 이명화에게서 배웠고, 역시 김창협의 제자인 어유봉(魚有鳳, 1672~1744)의 사위가 되었다. 어유봉은 독실한 송시열의 숭배자로 노소 대립 때 항상 송시열을 지지하였다. 신임사화

이후 노론과 소론의 대립을 중재하려는 탕평론이 제기되자 과거를 포기하였고, 그 사위인 이보천도 엄격한 노론의 당파적 입장을 유지하여, 박지원은 장인의 영향으로 오랫동안 과거를 보지 않았다. 은둔 속에서 박지원은 경학·병학·농학 등 모든 경세 실용의 학문을 연구했다. 특히 문재(文才)를 타고난 그는 이미 18세 무렵에 「광문자전(廣文者傳)」이라는 단편소설을 지어 세상의 주목을 받았다.

박지원 초상 | 손자 박주수 작품. 실제로 보고 그린 것이 아니라 주변 사람들에게서 들은 인상을 토대로 완성한 것이지만, 실제 모습과 매우 흡사하다는 평을 받았다고 한다.

박지원이 백탑(탑골공원) 부근으로 이사를 한 것은 1768년(영조 44) 그의 나이 32세 때였다. 근처에는 이덕무·이서구·유득공 등이 있어서 이들과 함께 북학파의 학문적 근거지를 마련하였다. 1770년(영조 46) 박지원은 34세의 나이로 시험 삼아 초시에 한번 응시했다가 사마시 초장과 종장에서 모두 장원을 하였다. 방이 붙은 날 저녁에 영조는 친히 침전으로 박지원을 입실케 하였다. 그리고 지신사(知申事, 국왕 비서실장)에게 시험 답안지를 읽게 하고 손으로 책상을 두드리면서 장단을 맞추며 들었다. 시험을 주관하는 사람들은 영조의 총애를 얻기 위해 박지원을 주목하였다. 그러나 박지원은 회시에 응시하지 않았다. 자신의 실력을 어느 정도 시험해 본 그는 각박한 벼슬살이가 자신과 어울리지 않는다고 생각한 끝에 미련 없이 과거에 대한 꿈을 접었다.

　1771년 3월 관직 진출의 꿈을 접은 박지원은 마음을 달래기 위해서 이덕무·이서구·백동수와 함께 송도·평양·천마산·묘향산·속리산·가야산·화양·단양 등을 두루 유람하였다. 백동수의 안내로 경기도를 거쳐 황해도, 평안도, 강원도, 충청도, 경상도 땅을 두루 밟았는데 어림잡아 삼사천 리는 족히 되는 거리였다. 박지원이 과거를 포기하자 출세를 위해 아부하던 인물들의 발길이 끊기고 대신 홍대용·정철조·이덕무·이서구·서상수·유금·유득공·박제가 등이 그의 집에 자주 출입하였다.

　1772년(영조 48) 서른여섯 되던 해에 박지원은 가족을 경기도 광주 석마(石馬) 처가로 보낸 뒤 전의감동(典醫監洞) 집에서 혼자 기거하였다. 이곳에서 홍대용·정철조·이서구·이덕무·박제가·유득공 등 여러 문인들과 교제하였다. 박지원의 아들 박종채는 『과정록(過庭錄)』에서 이때의 정황을 다음과 같이 묘사하였다.

　　항상 서로 만나면 며칠씩 묵으면서 위로는 고금의 치란과 흥망의 까닭과 옛날 사람들이 세상에 나가고 시골에 숨어 있는 대절과 제도의 연혁, 농공의 이익과 폐단, 산업 경제, 산천과 국방, 천문, 관상, 음악, 초목과 새, 짐승, 육서와 산수 등을 관용하고 포괄하여 기록하시었다.

　박제가가 박지원을 처음 만난 것은 1769년이었다. 박지원이 탑골로 이사한 이듬해였다.

> 지난날 무자(戊子, 1768) 기축(己丑, 1769) 연간에 내 나이 18·9
> 세 때에, 미중(美仲) 박지원 선생이 문장이 뛰어나서 당대의 명성
> 이 있다는 말을 듣고 마침내 탑의 북쪽에 있는 그를 찾아갔다. 선
> 생은 내가 온다는 말을 듣고 옷깃을 채 여미지도 못한 채 나와 맞
> 으며 악수를 하는 것이 마치 옛 친구를 만난 듯이 하였다.[31]

일찍부터 박지원의 명성을 흠모하고 있던 19세 소년 박제가는 백
탑 근처에 있는 우거(寓居)로 박지원을 찾아갔다. 백동수와 이덕무를
통하여 이미 박제가의 존재를 알고 있었던 박지원은 박제가가 찾아
왔다는 전갈을 듣고 옷깃을 채 여밀 경황도 없이 황급히 나와 맞으
며 마치 오랜 친구라도 본 듯이 손을 맞잡았다. 그리고 자신이 지은
글을 전부 꺼내어 박제가에게 읽어 보게 하였다. 그런 다음 몸소 쌀
을 씻어 다관(茶罐)에다 밥을 안치고 흰 주발에 퍼서 옥소반에 받쳐
내온 후 술잔을 들어 박제가를 위해 축수하였다. 박제가는 뜻밖의
환대인지라 놀랍기도 하고 기쁘기도 하였다. 이는 천고 이전에나 있
을 법한 멋진 일이라 생각한 박제가는 그 자리에서 글을 지어 이에
응답하였다. 박지원은 탄복하였다.

---

31 박제가, 『정유각집(貞蕤閣集)』 권1, 「서(序)」, 백탑청록집서(白塔淸綠集序).

9 젊은 그들

1767년 백동수의 집에서 박제가가 이덕무를 만난 그해에 이덕무는 남산골 대흥동을 떠나 대사동(큰절골, 탑골공원 일대)으로 이사를 했다. 대사동에는 원래부터 있던 흥복사를 없애고 세조가 그 터에 원각사라는 절을 창건하였다. 그리고 그와 동시에 세조 11년(1465)에 탑을 세웠는데, 그것이 지금도 남아 있는 원각사

원각사지석탑 | 지금의 탑골공원 안에 있다. 이 일대를 중심으로 조선 후기의 북학론이 흥기하였다.

지 10층 석탑이다. 당시에는 이것을 백탑이라고 불렀다.

이덕무가 대사동으로 이사한 후 얼마 되지 않아 백탑을 중심으로 하여 서얼 출신의 문인들이 모여들기 시작하였다. 유득공·서상수·윤가기·변일휴·이희경·김용행 같은 청년들이 그들이었다. 윤가기(尹可基, 1747~1802)는 후에 박제가의 사돈이 되었다. 이들은 '백탑시사'라는 시사(詩社)를 결성했는데, 여기에는 사족인 이서구도 가담하였다. 이외에도 홍대용·박지원·정철조 같은 선배 학자들이 포진하였고, 남산골에 살던 박제가와 백동수도 역시 백탑시사에 참여하였다.

박제가는 탑골 주변에 사는 벗들을 보러 오는 날이면 일찌감치 집에 들어가는 경우가 없었다. 1768년 겨울에 지은 시에서 박제가는

초경(밤 8시)에 유군(柳君)을 만나고
사경(밤 2시)에 이자(李子)를 만났네.
오늘 밤도 또 반은 지났으니
이같이 올해도 또 저물겠지[32]

라고 노래하였다. 희미한 달이 어슴푸레하게 뜬 밤, 박제가는
"이러한 때에 벗을 찾지 않으면 벗은 있어 무엇하랴."
고 생각했다. 이에 10전을 움켜쥐고 『이소(離騷)』를 가슴에 품고 탑의 북쪽에 사는 유련(柳璉, 1741~1788)의 집을 찾아갔다. 박제가는

---

32 박제가, 『정유각집』 초집, 「시」, 야방유련옥(夜訪柳連玉).

유련과 함께 탁주를 사서 마셨다. 박제가는 늘 『이소』를 읽었다. 중국 고대 초(楚)나라 시인 굴원(屈原)이 쓴 『이소』는 굴원이 간사한 무리들에게 몰려서 조정에서 내쫓겨 강과 산으로 헤매어 다니면서 나라를 근심하고 백성들을 생각하는 간절한 심경을 장편시로 노래한 것이다. 박제가의 호인 초정(楚亭)도 초사(楚辭), 즉 초나라 말로 쓰인 『이소』를 좋아하는 사람이라는 뜻이었다.

늦은 저녁 유련은 마침 책상에 기대어 호롱불 밑에 재롱떠는 두 딸아이의 유희를 구경하고 있었다. 박제가가 찾아오자 유련은 일어나 해금을 탔다. 잠깐 사이에 눈이 뜰에 가득하도록 내렸다. 두 사람은 쌓인 눈을 바라보면서 해금을 연주하는 운치를 만끽했다. 새벽 2시 무렵에 유련의 집을 나온 박제가는 집으로 돌아가지 않고 다시 이덕무의 집을 찾았다. 비좁은 초가살이였지만, 이덕무는 새벽녘에 찾아온 불청객을 반갑게 맞아주었다.

박제가는 한번 그곳을 방문하면 돌아가는 것을 잊고 열흘이고 한 달이고 머물렀다. 지은 시문과 척독(尺牘, 편지)이 곧잘 책을 만들어도 좋을 정도가 되었으며, 술과 음식을 찾으며 낮을 이어 밤을 지새우곤 하였다. 박제가가 쓴 「백탑청연집서(白塔淸緣集序)」에는 흔치 않은 모습이 기록되어 있다. 박제가는 신혼 첫날밤에도 백탑 주변의 벗들을 찾은 것이다.

박제가는 아내를 맞이하던 날 저녁에도 장인 댁의 건장한 말을 가져다 안장을 벗기고 올라타고는 어린 종 하나만 따르게 하여 밖으로 나왔다. 달빛은 길에 가득하였다. 이현궁(梨峴宮)[33] 앞을 지나 서편으로 말을 채찍질하여 철교(鐵橋)의 주막에 이르러 술을 마셨다. 삼경

(밤 12시)을 알리는 북소리가 울린 뒤 여러 벗들의 집을 두루 심방하고 탑을 빙 돌아 나왔다. 당시 호사가들이 이 일을 두고 왕양명 선생이 철주관 도인(鐵柱觀道人)을 방문한 일에 비기었다.[34]

백탑파 인사들 가운데 이덕무 · 서상수 · 유득공 · 유련 · 박제가는 모두 서얼 신분이었다. 여기에는 사족층도 끼어 있었으나 백탑파 내부에서는 신분적 차별의식이 존재하지 않았다. 박제가와 사족 출신인 이서구와의 사귐이 그것을 잘 보여주었다. 박제가는 1777년 봄에 지은 시 「야숙강산(夜宿薑山)」에서 벗이란 어떤 존재인지를 다음과 같이 노래하였다.

기질 다른 형제요
한 방에 살지 않는 부부라
사람이 하루라도 벗 없으면
좌우의 손을 잃은 듯하리[35]

---

33 광해군이 거처하던 옛 집. 인조 1년(1623)에 계운궁(啓運宮)이라 고치어 그 어머니 연주부 부인(連珠府夫人)을 모시었고, 숙종 때에는 숙빈방(淑嬪房)이 되었다가 동왕 37년(1711)에 연잉군(영조)의 저택으로 삼았다. 정조 11년(1787)에는 장용위영이 되었다가 순조 2년(1802)에 폐하고, 고종 25년(1888)에 통위영(統衛營)이 되어 속칭 동별영(東別營)이라 불렸다.

34 왕양명(王陽明, 1472~1529)은 명대 중엽의 저명한 철학가 왕수인(王守仁)으로 그의 철학은 명대 철학을 대표하는 양명학(陽明學)이었다. 17세의 왕양명이 결혼하는 날 우연히 산책하다가 도관(道觀)인 철주궁(鐵柱宮)에 들렀다. 그때 가부좌를 하고 앉아 있는 도사를 만나 양생설(養生說)을 물으며 마주 앉아 돌아갈 것을 잊은 적이 있다. 이 경험은 왕양명의 사상 형성에 큰 전기점이 된 사건이었다.

35 박제가, 『정유각집』 초집, 「시」, 야숙강산(夜宿薑山).

「야숙강산(夜宿薑山)」이란 강산(薑山)의 집에서 함께 잔 뒤에 지은 시란 뜻이다. 강산은 이서구의 호로, 이서구는 1774년 정시문과에 병과로 급제하여 사관을 거쳐 승지 · 대사간 · 이조판서 · 대사헌 · 우의정 등을 역임하였다. 명문장가로서 특히 시명(詩名)이 높아 박제가 · 이덕무 · 유득공과 함께 당대의 한시(漢詩) 4대가로 알려졌다. 박제가는 이서구의 집을 한번 방문하면 보통 사흘씩 시간이 지나도 집에 돌아가지 않았다. 박제가는 이서구의 집 뜰에 흩어져 내리는 매화꽃을 보면서 두 사람의 우정이 영원토록 변치 않을 것임을 노래하였다.[36]

일찍이 이들의 시를 눈여겨 본 유득공의 숙부 유금(본명 유련)이 그들의 시를 엮어 『건연집(巾衍集)』이라 제목을 붙였다. 『건연집』에 실려 있는 시는 도합 399편이었고, 이것이 편찬된 당시(1776)의 연령은 이덕무가 36세, 유득공이 29세, 박제가가 27세, 이서구가 23세였다.

1776년(정조 즉위년) 11월에 유금은 『건연집』을 가지고 부사 서호수(徐浩修)의 막관(幕官)으로 연경에 가게 되었다. 그곳에서 그는 청나라의 지식인 이부고공사원외랑(吏部考功司員外郎) 이조원(李調元)과 사고전서분교관(四庫全書分校官) 반정균(潘庭筠)으로부터 『건연집』의 서문을 얻는 데 성공하였다. 특히 반정균은 1765년(영조 41)에 청나라를 방문한 홍대용과 깊은 우정을 나누었고 홍대용이 귀국한 뒤에도

---

36 박제가, 『정유각집』초집, 「시」, 야숙강산. "삼일불귀가(三日不歸家) 낙매화만실(落梅花滿室) 신자백년교(姤玆百年交) 간첩령상실(看睫寧相失)."

서찰을 통해서 우의를 나누던 인물이었다. 이조원과 반정균의 시평으로 인하여 네 사람의 시명(詩名)은 연경의 시단에 알려지게 되었고, 이것이 다시 조선에 전해져 그들의 청신한 시풍이 널리 인구에 회자되었다.

이덕무는 『건연집』의 필자들을 이조원에게 소개하는 편지에서 그들의 면면을 다음과 같이 묘사하였다.

저희들 네 사람은 옛것을 사모하고 글을 읽으며 때로는 저술을 하지만, 지금 사람의 눈에 들지 못합니다. 그리고 천성이 은둔을 즐기므로 마을 밖까지도 이름이 알려지지 않습니다. 조석으로 서로 찾아다니며 공부할 뿐입니다.

유영암(유득공)은 키가 크고 용모가 아름다우며, 성품이 온아하고 욕심이 없이 담백하며, 옛글을 연구하는 데 노력하며, 붓을 대기만 하면 모두가 전할 만한 절품이요, 특히 시에 능합니다.

박초정(박제가)은 키가 단소하나 매우 강직하고 강개한 마음을 가졌으며, 재주와 사상이 풍부하고, 초서와 예서가 출중하며, 중국을 충심으로 사모하고, 비범한 기상이 특출합니다.

이소완(이서구)은 간략하고 담박함으로써 자신을 지키고 정직하고 결백하게 마음을 가지며, 경사(經史)에 해박하고, 정론(正論)과 이론(異論)을 밝게 분별하며, 육서(六書)에 밝고 문사(文辭)가 절묘합니다.

저(이덕무) 같은 것은 지지리 못난 인품에 재주도 워낙 없지만, 오직 천성이 우직하여 남을 사랑하고 옛것을 믿을 줄만 압니다. 다

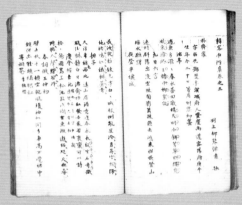

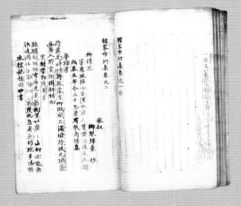

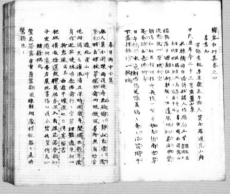

『건연집』 이덕무·유득공·박제가·이서구의 시를 편집해 엮은 한시집. 그들의 명성을 청나라에 알리는 자료가 되었다. 상단 오른쪽부터 시계 방향으로 박제가편, 이서구편, 유득공편.

만, 강·하·한·낙의 물을 마시지 못하고, 오·촉·제·노의 땅을 밟지 못한 채 해방(海邦)에서 고사(枯死)하여 알아줄 사람이 없게 될 것이 한일 뿐입니다.[37]

이서구는 박제가·이덕무·유득공과는 달리 명문 사대부가의 적자 출신이었다. 1758년(영조 34) 그의 나이 다섯 살 때 어머니를 여의었고 그후 외가에서 열두 살 때(1765)까지 지내다가 아버지에게 돌아와 여러 경전을 읽기 시작하였다. 열여섯 살 때부터 박지원을 만나 문장을 배우기 시작하였고, 1770년에 귀양에서 돌아온 아버지를 잃었다.

박제가는 신분의 벽을 넘어 어린 이서구와 절친하게 지냈다. 백탑파 인물들 중에 박제가보다 어린 사람은 거의 없다시피 하였으므로 박제가는 자기보다 연하인 이서구를 특히 귀여워하였다. 어려서부터 부모를 여의고 외롭게 자란 이서구도 박제가를 친형처럼 따랐다. 박제가는 술이 취하면 안장 없는 말을 타고 이서구의 집으로 내달리곤 하였다. 그리고 이서구의 집에서 함께 잤다. 이들은 서로 간에 아무 허물도 없이 지냈다.

한편, 박제가는 유득공과도 긴밀한 우정을 나누었다. 어느 날 밤 박제가는 친구인 서가운이 글공부에 매진하던 셋방살이 집을 찾은 적이 있었다. 이때 이덕무와 유득공이 마치 사전에 약속이나 한 듯

---

37 이덕무, 『청장관전서』 권19, 『아정유고』 11, 「서(書)」 5, 이우촌조원(李雨邨調元) ; 『국역청장관전서』 III, 민족문화추진회, 223쪽.

그리로 찾아왔다. 박제가는 그때의 반가움을 다음과 같은 한 편의
아름다운 시로 노래하였다.

> 등불 쌍쌍이 창에 비치더니
> 그대들 자지도 않고 뜻밖에 왔구나
> 지극히 친한 벗들이라 이 세상에 함께 태어난 듯
> 참다운 시(詩)들은 모두 자기의 진심을 말하누나
> 구름 한 점 떠 있는 하늘에는 달이 밝고
> 길마다 눈이 쌓인 숲 속은 으슥하다
> 거나하여 돌아서니 한 해가 다 갔구나
> 시를 찾아 날마다 서로 찾아다니노라[38]

유득공은 박제가 · 이덕무 · 이서구와 함께 당대를 대표하는 한시
4대가의 한 사람이었다. 그 또한 증조부와 외조부가 서자였기 때문
에 서얼 신분으로 태어났다. 부친이 요절하여 모친 아래서 자랐고,
18 · 9세 때에 숙부인 유금의 영향을 받아 시 짓기를 배웠다. 20세를
지나 박지원 · 이덕무 · 박제가 등과 교유하기 시작하였다. 1774년
(영조 50)에 사마시에 합격하여 생원이 되었고, 1779년(정조 3) 검서
관에 임명되어 관직 생활을 시작하였다. 정조의 배려로 포천현감 ·
양근군수 · 가평군수 · 풍천도호부사 등을 역임하였다.

---

38 박제가, 『정유각집』 초집, 「시」, 야방서가운차옥독서시처시이무관유혜풍불기이지(夜訪徐
稼雲借屋讀書處時李懋官柳惠風不期而至); 김상훈 · 상민 역, 『사가시선』, 여강, 2000,
229쪽.

유득공은 시인이면서도 역사에 관심이 많아 개성·평양·공주 등과 같은 옛 도읍지를 유람하였고, 두 차례에 걸친 연행을 통해서 문학·역사 방면의 뛰어난 저술을 남겼다. 특히 대표적 저술인 『발해고』(1785, 정조 9)에서 그는 발해의 시조 대조영이 고구려인이었고, 따라서 발해의 땅도 고구려 땅이라는 점을 밝혀내었다. 그에 더해 외세를 불러들여 삼국을 통일한 통일신라시대라는 표현보다는 북쪽의 발해와 남쪽의 신라를 우리의 민족사로 아우르는 '남북국시대' 라는 용어가 더 적합하다고 주장하였다.

유득공은 또 당시에 화이관에서 벗어나지 못하고 있던 많은 성리학자들과는 달리, 중국 서적을 다양하게 섭렵하여 만주·몽골·안남(베트남)·남장(라오스)·면전(미얀마)·타이완·일본 및 서양의 홍모번(영국)·아란타(네덜란드)에도 관심을 가지는 등 중국을 벗어난 폭넓은 세계관을 유지하였다.

박제가는 『발해고』에 다음과 같이 썼다.

신라(조선)의 땅에서 태어난 선비들은 중국 안에서 벌어진 일에 대해서 눈을 꽉 감고 귀를 틀어막고 있다. 그로 인해 한당(漢唐)·송명(宋明)의 흥망과 전쟁의 역사를 알지 못한다. 더구나 발해의 옛일에 대해서는 말할 것도 없다. 나의 벗 혜풍(惠風) 유득공 군은 박학하고 시를 잘한다. 또 옛 문물제도에 조예가 깊다. 이미 『이십일도회고시주(二十一都懷古詩註)』를 편찬하여 우리나라의 탐방할 만한 곳을 상세하게 서술한 바 있다. 또 관심을 확대하여 『발해고』한 권을 지어 발해의 인물, 군현, 세계, 연혁을 조목조목 빠짐없이 서술하였는데, 체계를 잘 잡았기 때문에 그 내용이 볼 만하다. 이 책에서는 왕씨의 고려가 고구려의 옛 강토를 회복하지 못하였고, 왕씨가 옛 강토를 회복하지 못한 결과 계림이나 낙랑 지역이 마침내 천하와 관계가 단절되어 문명의 미개지로 남게 되었다고 파악하였다. 이러한 논지는 내가 전에 가지고 있던 견해와 서로 부합되는 것이다. 유군의 식견이 천하의 형세를 파악하고 제왕과 패자의 웅략을 엿보았음을 감탄하지 않을 수 없다.[39]

이른바 백탑파의 구성원은 연암 박지원(1737~1805)과 동년배의 친구들인 홍대용(1731~1783)·정철조(1730~1781)·서상수 (1735~1793)와, 약간 연하의 후배인 유금(1741~1788)·이덕무 (1741~1793), 그리고 연암의 제자인 박제도(1743~1819)·이희경 (1745~?)·유득공(1748~1807)·박제가(1750~1805)·원유진 (1751~1826)·이서구(1754~1825)·서유본(1762~1822)·서유구 (1764~1845) 등이었다. 박제도는 박제가의 이복 맏형으로 박제가와 함께 백탑시사의 시회에 자주 어울렸다.

이외에도 김용겸(1702~1789)·임배후(1718~1784)·원중거 (1719~1790) 등이 백탑파의 젊은 지식인들에게 '존장(尊丈, 어르신)'으로 받들어졌다. 이들은 성품이 꼿꼿하고 아울러 풍류 기질도 가져 젊은이들이 '지사(志士)'의 전형으로 삼았다. 특히 임배후는

---

39 박제가, 『정유각집』 권1, 「서」, 발해고서(渤海考序); 박제가 지음, 안대회 옮김, 『궁핍한 날의 벗』, 태학사, 2000, 131쪽.

"과거(科擧)는 장사꾼이나 하는 짓이다."라고 하여 비리가 만연해 있던 과거제도를 날카롭게 비판하였다.[40]

이들은 모순된 체제를 비판적으로 바라보았던 재야 지식인들이었다. 이제까지와는 다른 새로운 세상을 꿈꾼 것이다.

---

40 오수경, 「18세기 서울 문인지식층의 성향」, 성균관대 박사학위논문, 1990, 16쪽.

10 국제적인 학자 홍대용

　　홍대용은 1765년(영조 41) 숙부인 억(檍)이 서장
관으로 청나라에 갈 때 군관(軍官)으로 수행하였다. 그 덕분에 백탑
파의 인물들 중에서는 가장 일찍이 국제 시세를 파악하는 폭넓은 감
각을 익혔다. 그는 연경에서 엄성(嚴誠)·반정균(潘庭筠)·육비(陸飛)
등과 같은 청나라 학자들과 사귀어 경의(經義)·성리(性理)·역사·
풍속 등에 대하여 토론했다. 또 연경의 천주당(天主堂)을 방문해서
처음 보는 파이프오르간을 훌륭히 연주하기도 했다. 평소에 양금(洋
琴)을 곁에 두고 쌓은 실력 덕분이었다.

　한편, 홍대용은 독일 사람인 흠천감정(欽天監正) 할러스타인
〔Hallerstein, 유송령(劉松齡)〕, 부감(副監) 고가이슬〔Gogeisl, A., 포우관
(鮑友管)〕과 면담하고 천주교와 서양 천문학에 대한 지식을 넓혔다.
그는 서양과학 이론을 통해 얻은 신지식을 이용하여 지구설과 자전
설을 주장하고, 근대적 우주관에 입각하여 중국 중심의 화이론을 부
정하는 등 파격적인 견해를 제시하였다. 홍대용은 사실상 북학파의
선구자로서, 특히 박지원과 박제가의 북학론에 깊은 영향을 끼쳤다.

　이덕무가 홍대용의 집 정자에서 읊은 「홍담헌의 정원에서〔洪湛軒大

북경 북천주당 │ 조선 사신들이 북경을 방문할 때면 꼭 찾아보던 구경거리의 하나였다. 1784년 1월 조선인 최초로 이승훈이 그라몽 신부에게 세례를 받은 곳이기도 하다.

谷園亭]라는 시가 있다. 이 시는 백 마디의 찬사보다도 홍대용이 얼마나 고고한 기품을 갖춘 국제적인 인물이었는지를 잘 보여준다.

높은 사람 깨끗한 지조를 지녀
숲 속의 집에서 굳은 뜻 변하지 않네
홀로 구라파 거문고 뜯기니
맑은 상성(商聲) 하늘에 가득하네
다만 멀리서 그리는 맘 부칠 수도 없고
깊은 근심 스스로 제거할 수 없네
그리운 사람들 멀어 만날 수 없으니

부질없이 절강·항주의 서신만 쥐고 보네

따뜻하고 따뜻한 엄부자는

평상시의 마음 단아하고 소탕하며

성정이 비범한 육효렴은

연나라 오나라에 그의 명예 떨쳤으며

시와 문 잘 짓는 반향조는

빛나고 빛난 기개 죽순과 나물을 먹네

하늘가에 지기의 벗을 맺으니

생사가 궁금함에 슬픈 한숨 많다네

내가 옆에서 한탄하는 것 들었기에

그대의 그 허전해함을 위로하노라

동방의 한 고매한 선비여

정말 벗할 만하네 [41]

　위의 시에서 '절강·항주의 서신' 이라는 것은 홍대용이 1765년
(영조 41)에 사신으로 떠나는 숙부를 따라 연경에 갔을 때 절강·항
주의 선비인 육비·엄성·반정균 등을 사귀고, 그 후에도 계속해서
주고받은 서신을 말한다. 위에 나오는 엄부자·육효렴·반향조는
모두 그들을 가리킨다.

　이들과 홍대용과의 우정은 국경을 초월하였다. 특히 엄성이 복건

41 이덕무, 『청장관전서』 권10, 『아정유고』 2, 「시」 2, 홍담헌대용원정(洪湛軒大容園亭) ;
　　『국역청장관전서』 II, 민족문화추진회, 248쪽.

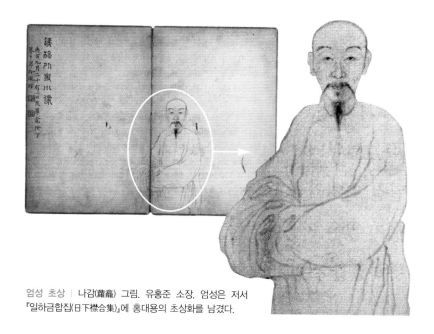

서 병이 위독할 때에는 홍대용이 준 먹을 꺼내서 묵향을 맡아 보다
가 가슴에 놓고 운명하였기 때문에 결국 그 먹을 관 속에 넣어 주었
을 정도였다. 절강 일대에서는 이 이야기가 신기한 일이라고 널리
소문이 났고, 이것을 소재로 한 시와 글이 다투어 지어졌다.

1780년 5월 박지원은 삼종형 박명원이 청나라 건륭제의 고희를
축하하는 사절단으로 파견되자 그 수행원으로 따라가게 되었다. 꿈
에도 그리던 청나라를 방문할 기회를 얻은 것이다. 1783년에 탈고하
는 그의 대표작 『열하일기(熱河日記)』도 이 기행의 산물이었다. 박지
원은 청나라에 가서 많은 것을 볼 수 있었는데, 홍대용의 소개장을
받아 가서 청나라의 지식인들과 필담을 나눈 것은 그중에서도 가장

홍대용의 『담헌연기』와 그 안에 실린 태양지도.

유쾌한 일이었다. 그런 중에 익히 홍대용으로부터 들었던 지구 자전 설을 소개하여 청나라 사람들을 놀라게 했다. 박지원은 홍대용이 자 랑스러웠다.

　그 후로도 박지원은 홍대용을 의지하면서 학문 외적인 방면에서 도 많은 신세를 졌다. 1778년(정조 2) 박지원은 42세의 나이로 황해 도 금천군 연암협으로 이주하였다. 노론 벽파를 제거하려는 홍국영 의 견제를 피하기 위한 방편이었다. 토질도 척박하고 인적도 드문 이곳에서 박지원은 홍대용과 서신을 교환하면서 외로움을 달랬다.

　"명예·권세·잇속을 버리고 비로소 밝은 눈으로 이른바 벗이란 것을 찾으니 도무지 한 사람도 없습니다. 그러니 고금을 살펴볼 때 왜 답답한 마음이 없겠습니까? 그러나 형은 벗 사귀는 일에 대해 올

곧고 강개한 기질을 가지고 계신 줄 알기에 이제 일단의 울적한 마음으로 하릴없이 여쭈어 보는 것입니다."

이 무렵 홍대용은 영천군수로 있었다. 그는 척박한 곳에서 고생하는 박지원을 위해 얼룩소 두 마리, 농기구 다섯 가지, 줄 친 공책 스무 권, 돈 이백 냥을 마련해 보내 주었다. 그리고 다음과 같은 당부의 말도 잊지 않았다.

"산중에 계시니 밭을 사서 농사를 짓지 않을 수 없을 테지요. 그리고 의당 책을 저술하여 후세에 전하도록 하세요."

그런 그가 1783년 1월 23일 유시(酉時, 저녁 6시 무렵)에 향년 53세를 일기로 세상을 떠났다. 평소 지병이 없었지만 갑자기 풍증이 일어나서 입이 돌아가고 말을 못하더니 순식간에 절명하였다. 그때 박지원의 나이는 47세였다. 홍대용이 죽었다는 소식은 박지원에게 하늘이 무너지는 절망감을 안겨 주었다. 박지원은 비통에 잠긴 홍대용의 아들 원을 대신하여 중국에 있는 홍대용의 친구들에게 편지를 써서 부고를 전하였다. 그리고 정성스럽게 홍대용을 추모하는 묘지명을 지어 올렸다.

아아! 슬프다. 내가 아는 덕보(홍대용의 호)는 사물의 이치에 통달하고 민첩하며 겸손하고 고상하였다. 특히 천문학과 수학에 뛰어나 손수 만든 혼천의(渾天儀, 천문관측 기계) 같은 기계는 생각과 고심을 거듭하여 만든 자신만의 독특한 작품이었다.

처음 서양 사람들은 지구가 둥글다는 것만 알았지 자전한다는 것은 알지 못하였다. 그러나 덕보는 일찍부터 지구가 한 번 돌아서

홍대용 초상 | 홍대용과 깊은 우정을 나누었던 청나라 학자 엄성이 그려 준 것으로 전한다.

하루가 된다고 주장하였다. 그 학설이 심오해서 미처 책으로 저술하지는 못했지만 만년에는 땅이 돈다는 것을 더욱 믿어 의심치 않았다. 사실 덕보를 아는 사람들도 그가 일찍부터 과거를 멀리하고 명예나 이욕에 뜻을 두지 않고 들어앉아 좋은 향이나 피우고 거문고와 가야금을 타는 것을 보고 단박에 좋아하여 희희낙락한 인물로 볼 뿐이었지만 그렇지 않다.

덕보는 모든 일을 정리하고 종합하였으며, 그릇되고 잘못 알려진 것도 정리하였다. 그는 외교적 능력이나 지략을 가졌으나 남들에게 드러내지 않았다. 그래서 몇몇 고을 원으로 지낼 때에는 그저 서류를 잘 정리하고 매사를 미리 준비해서 아전들이 공손하고 백성들이 따르게만 할 뿐이었다.

덕보는 숙부가 서장관으로 갈 때 연경에서 육비·엄성·반정균을 만났다. 그들은 모두 중국의 명사들이며 덕보를 큰 학자로 인정하였다. 그들과 나눈 필담으로 그가 해박한 지식의 인물임을 드러냈다.

아아! 그가 살았을 때 우뚝한 모습은 마치 저 먼 옛날의 기이한 사적과 같아서 착한 성품을 가진 그의 친구들이 반드시 그 사적을 더욱 전파시킬 것이니 비단 양자강 남쪽에만 이름이 퍼지지는 않을 것이다.

덕보의 부친 력(櫟)은 목사를 지냈으며, 조부 용조(龍祚)는 대사간을 지냈고 증조부 숙(潚)은 참판을 지냈다. 어머님은 청풍 김씨이며 군수 벼슬을 지낸 김방(金枋)의 따님이다. 덕보는 1731년 태어나 음직으로 선공감 감역을 얻었고, 곧 돈령부 참봉, 세손익위사 시직 등으로 옮기고, 사헌부 감찰로 승직되었다가 나중에 영천군수로 올라갔으나 모친이 연세가 많아 벼슬을 버리고 돌아왔다. 부인은 한산 이씨 이홍중의 따님이다. 슬하에 1남 3녀를 두었는데,

혼천의 | 천체의 운행과 그 위치를 측정하여 천문시계의 구실을 하였던 기구. 홍대용은 천안의 자택 연못에 농수각(籠水閣)이란 사설 천문대를 짓고 그 안에 혼천의와 서양식 자명종을 설치하였다.

사위 조우철 · 민치겸 · 유춘주 등이 있다.[42]

홍대용에 대한 무한한 존경의 마음은 박제가도 예외가 아니었다. 그는 홍대용이 연경에 가서 절강 출신의 세 학자와 사귀면서 주고받은 필담을 편집한 「회우기(會友記)」를 서상수(徐常修, 1735~1793)에게 보내면서 홍대용에 대한 감회를 피력하였다. 서상수는 생원시에 합격하고 종8품 광흥창 봉사를 지낸 서얼로서, 인사동 부근에 거주하면서 박지원 · 이덕무 · 박제가 등과 교유하였다. 시인 · 화가이며, 서화고동(書畵古董)의 전문가였다.

"아아! 우리 조선 3백 년 역사에 중국과의 사절 왕래가 계속되었지만 명사 한 명도 보지 못하고 돌아왔을 뿐입니다. 이제 담헌 홍대용 선생이 하루아침에 저 천애(天涯) 먼 곳에서 지기를 맺어 그 풍류와 문묵(文墨)이 멋스럽기 짝이 없습니다. 사귄 사람들은 모두 풍모가 의연하여 지난날 서책에서 본 듯한 인물이고, 주고받은 말은 모두 제 마음속에 또렷하게 담겨 있던 것입니다. 그러니 저분들이 비록 이 조선과 천 리 멀리 떨어져 전혀 알지 못하는 사람이라고 해도 우리가 저분들을 사모하고 사랑하며 감격하여 울면서 의기투합하지 않을 수 있겠습니까?"[43]

---

42 박지원, 『연암집』 권2, 「묘지명(墓誌銘)」, 홍덕보묘지명(洪德保墓誌銘).
43 박제가, 『정유각집』 권1, 「서(書)」, 여서관헌상수(與徐觀軒常修); 박제가 지음, 안대회 옮김, 『궁핍한 날의 벗』, 태학사, 2000, 104쪽.

11 중국에 대한 재인식

　　　　　　병자호란 이후 청나라는 조선의 원수가 되었다. 병자호란 때 인조가 삼전도에서 청 태종에게 치욕스런 항복을 하고, 볼모로 잡혀갔던 봉림대군이 돌아와 효종으로 등극하였다. 효종은 청나라에 대한 원한을 풀고, 아울러 자신의 정치적 입지를 공고히 하고자 북벌론을 제기하였다. 그러나 여러 가지 이유로 북벌은 실행에 옮겨지지 못하였다. 청에게 명나라가 망하자, 조선의 사대부들은 더욱 더 청나라를 원수의 나라로 생각하였다. 명나라는 임진왜란 때 원군을 파견하여 조선을 구한 은인이기 때문에 이를 망하게 한 청나라는 불구대천의 원수라고들 생각하였다. 이제 명나라가 망한 이상 중화(中華)의 적통은 조선으로 옮겨졌다는 소중화의식이 팽배해져 갔다. 그렇기 때문에 오랑캐에 불과한 청나라 사람들과는 상종할 수 없다는 것이 당시 지배층들의 사고방식이었다.

　그렇지만 백탑파의 인물들은 생각이 좀 달랐다. 그들이 보기에, 조선이 소중화라는 당시 정치인들의 자부심은 스스로를 위안하는 방편에 지나지 않았다. 조선의 현실은 그저 가난할 뿐이었다. 백탑파의 인물들은 조선이 진정한 중화가 되기 위해서는 그에 합당한 내실이 갖추어져야 한다고 생각했다. 그래서 이들은 청나라로부터 많은 것을 배워야 한다고 생각하였다. 이것을 북학론(北學論)이라 한다.

원래 '북학'이란, 『맹자(孟子)』「등문공장구(滕文公章句)」에서 진량(陳良)과 같은 남만(南蠻)의 지식인이 '주공중니지도(周公仲尼之道)', 곧 유학(儒學)을 북쪽 중국에 가서 배운다고 하는 의미로 처음 사용되었다.[44] 1778년 박제가가 이 부분을 인용하여 중국의 문물을 배울 것을 주장한 자신의 저서 제목을 『북학의(北學議)』라 이름한 이후, 북학은 백탑파를 대표하는 말로 자리 잡았다.

이들의 생각은 당시 북벌론에서 이어져 내려온 소중화사상, 대명의리론과는 판이한 것이었다. 당시 조선의 사상계는 대단히 경직되어 있었다. 경전의 해석도 주자(朱子)의 주대로 하지 않고 독창적인 해석을 하면 '사문난적(斯文亂賊)'이라고 몰아붙였다. 마치 서슬 퍼런 군사독재 시절에 한번 '빨갱이'로 낙인찍히면 패가망신하는 것과 같은 그런 분위기였다.

그래서 백탑파의 지식인들도 대명의리론과 어긋나는 주장을 폈을 때 그들에게 쏟아질 비난이 솔직히 두려웠다. 그래서 그들에게는 북학론의 명분과 논리가 필요했는데, 이는 박지원의 『열하일기』「일신수필(馹汛隨筆)」에서 체계가 잘 갖추어지게 되었다. 북학의 논리는 크게 세 가지였다. 첫째, 백성들을 위하고 나라를 위한 것이라면 굳이 그 출처를 따질 것 없이 적극적으로 수용해야 한다는 개방적 자

---

44 『맹자』, 「등문공장구」上. "陳良楚産也 悅周公仲尼之道 北學於中國 北方之學者 未能或之先也 彼所謂豪傑之士也."

세를 강조하였다.

참으로 인민들에게 이롭고 나라에 도움이 될 일이라면, 천하를 위하여 일하는 자는 그 법이 비록 이적(夷狄, 오랑캐)에게서 나온 것일지라도 이를 거두어서 본받으려고 한다.

둘째, 지금 청나라가 누리고 있는 문명은 오랑캐의 것이 아니라, 원래부터 전해 내려온 중화문명의 진수라고 하는 발상을 보였다. 즉 오랑캐가 중원을 점유하고 있을지라도 실제 중원의 문명은 역사적으로 면면히 전승되어온 하ㆍ은ㆍ주 삼대 이후의 고유한 중화의 유제라는 인식이었다.

더구나 삼대 이후의 성제(聖帝), 명왕(明王)과 한ㆍ당ㆍ송ㆍ명 등 여러 나라의 고유한 옛 제도야 어떻겠는가. 성인이 『춘추』를 지을 때에 물론 중화를 높이고 오랑캐를 내쳤지만, 그렇다고 이적이 중화를 어지럽힌 것을 분하게 여겨서 중화의 숭배할 만한 진실 그것까지 내쳤다는 말은 듣지 못했다.

셋째, 조선이 북학을 통해서 이루려는 궁극적인 목표는 이적을 물리치기 위한 실제적인 힘을 기르기 위한 것이고, 이는 결국 북벌론이나 대명의리론과 결코 상충되지 않는다는 점을 주장하였다.

그러므로 이제 우리나라 사람들이 참으로 이적을 물리치려면 중화가 끼친 법을 모두 배워서 우리나라의 유치한 문화부터 먼저 열어야 한다. 남이 열을 하면 우리는 백을 하여 먼저 우리 인민들에게 이롭게 한 다음에 그들로 하여금 회초리를 마련해 두었다가 저들의 굳은 갑옷과 날카로운 무기를 매질할 수 있도록 한 뒤에야, "중국에는 아무런 장관이 없더라." 하고 말할 수가 있는 것이다.[45]

이와 같은 북학론의 명분을 앞세워 박지원이나 박제가 등 백탑파 내의 대표적인 북학파 인사들은 청나라의 변화함을 뒷받침해 주고 있는 이용후생지물과 그들의 공리적 생활 태도를 당장에라도 수용할 것을 주장하였다. "그들의 장관은 기와 조각에 있고, 또 똥 부스러기에도 있다."고 한 박지원의 말이 이를 상징한다.

박지원은 말한다.

"저 깨진 기와 조각은 천하에 버리는 물건이다. 그렇지만 민간에서 담을 쌓을 때 담 높이가 어깨까지 솟는다면 깨진 기와 조각을 이용해서 좋은 무늬를 만들 수 있다. 깨진 기와를 버리지 않으면 천하의 모든 무늬를 만들 수 있다. 또 집마다 뜰 안에 벽돌을 깔지 못한다면, 여러 빛깔의 유리기와 조각과 시냇가의 둥근 조약돌을 주워다가 여러 가지 모양으로 깔아서 비가 올 때 진창이 되는 것을 막을 수 있다. 부서진 자갈돌을 버리지 않으면, 천하의 도화(圖畵)를 만들 수 있다."

그는 계속해서 청나라의 실상을 다음과 같이 말한다.

---

45 박지원, 『연암집』 권12, 『열하일기』, 「일신수필(馹汛隨筆)」.

"똥은 아주 더러운 것이지만, 이를 밭에 내가기 위해 황금처럼 아끼니, 길가에 내버린 똥이 없고, 말똥을 줍는 자가 삼태기를 들고 말 뒤를 따라 다닌다. 이를 주위 모을 때에도 네모반듯하게 쌓고, 혹은 여덟 모로 혹은 여섯 모로 하고, 또는 누각이나 돈대의 모양으로 만든다. 이렇게 모아진 똥 무더기만 보아도 모든 규모가 벌써 세워졌음을 짐작할 수 있다."

그리하여 박지원은 결론짓는다.

"저 기와 조각이나 똥 무더기가 모두 장관이다. 반드시 성지(城地)·궁실(宮室)·누대(樓臺)·시포(市脯)·사관(寺觀)·목축(牧畜)이라든지, 저 광막한 들판이나 안개 어린 나무가 기이하게 바뀌는 모습들만이 장관은 아닌 것이다."

이덕무는 저서에만 몰두한 지 거의 50년 만에 서재 이름을 고중암(古中菴)이라 하고 박제가에게 기문을 요청하였다. 박제가는 자기 생각은 쓰지 않고 이덕무에게 명명의 이유를 물어 기문을 완성하였다.

박제가 물었다.

"中이라 한 것은 무엇 때문입니까?"

"중화의 의미일세."

"어째서 中古라고 하지 않았습니까?"

"상고·중고라는 말과 중복될까 염려되어 피하느라 그렇게 했지."

"어째서 중화를 사모하는 것입니까?"

"내가 저들의 서책을 읽어 보았고, 저들의 나라에 들어가 보기도 했는데, 땅은 넓고도 넓고 서책은 쌓이고 쌓여 있었다네. 바다가 깊은지 얕은지를 헤아릴 수가 없는 격이고, 신비한 용이 변화를 부리면 그 한계가 어디인지를 알 수 없는 격이었지. 없는 것이 없는 것을 일러 풍부하다고 하고, 사람들이 뜻대로 하는 것을 즐긴다고 하네. 오래 전 나는 옛사람의 서책을 읽고서 거기에 쓰인 글이 모두 우리나라에서 나온 것인 줄로만 알았었지. 이제야 시서예악(詩書禮樂)이 중화에서 만들어졌고, 풍부하고도 즐길 만한 것임을 깨달았네. 그러니 어떻게 중국을 사모하지 않을 수 있겠나? 고개를 파묻고 책을 읽다가 머리를 쳐들고 생각해 보니 옛사람이 옛사람으로 존경을 받게 된 연유가 따로 있더군. 그래서 중국을 사모해야 한다는 사실을 모르는 자는 옛사람의 서책을 모르는 자라고 말하는가 봐. 그러다 보면 어느덧 천 년이 흐른 옛사람의 글이요, 만 리 먼 곳의 사람인 줄을 깨닫지 못하게 되는 것 아닌가!"

이덕무가 50년 동안 학문을 연마하여 얻은 결론은 힘써 옛것과 중국의 것을 배우고 익혀야 한다는 것이었다. 사회 현실적인 교제보다는 옛것과 중화 문화의 진수에 침잠하려는 태도에서 박제가와 이덕무 두 사람의 공통점을 발견하게 된다. 이것은 당시 조선 사회에서 서출이라 하여 배척당하던 이들이 사회적 폐쇄성과 고루함을 누구보다도 잘 알기에, 중화 문명의 진수를 배워 그 천박함을 극복하고 새로운 사회를 지향하려던 것이었음을 짐작케 한다.

현실을 믿지 않는 사람들

　　　　북학론에 있어서 박제가는 박지원의 적통을 계
승했다고 할 만했다. 오히려 박제가는 운이 좋게도 스승인 박지원보
다 먼저 청나라에 다녀올 수 있었고, 거기서 느낀 소회를 『북학의』를
통해서 피력했다. 그러므로 북학론을 체계적으로 저술하여 세상에
선보인 것은 박지원보다 박제가가 좀 더 빨랐다. 그렇지만 두 사람
의 견해는 마치 한 사람의 머리에서 나온 것처럼 흡사했다.

　박제가는 당시 조선 사람들이 고루한 고정관념에 사로잡혀 새로
운 것을 능동적으로 받아들이지 못하는 점을 안타까워하였다.

　"오늘날 사람들은 아교로 붙이고 옻칠을 한 속된 각막을 가지고
있어 아무리 노력해도 그것을 떼어낼 도리가 없다. 학문에는 학문의
각막이, 문장에는 문장의 각막이 단단하게 붙어 있다."

　그는 조선 사람들이 고집스런 편견에 사로잡혀 있음을 지적하면
서 그 편견으로 인해 사람들의 견문이 얼마나 실상과 동떨어져 있는
가를 다음과 같이 말하였다.

　"큰 문제는 제쳐 두고 수레부터 말을 꺼내 보자. 수레를 사용하자
고 하면 사람들은 우리나라는 산이 험하고 물이 가로막혀 수레를 사

용할 수 없다는 말을 한다. 또 산해관(요동의 관문)의 편액은 이사(李斯)의 필체로서 십 리 밖에서도 보인다는 말을 한다. 서양인은 인물을 그릴 때 사람의 검은 눈동자를 즙으로 내어 눈동자를 찍기 때문에 이곳저곳에서 보아도 눈이 마치 살아있는 듯하다는 말을 한다. 되놈은 변발을 할 때 부모의 생존 여부에 따라서 하나를 땋기도 하고 두 개를 땋기도 하여 옛날의 모제(髦制)와 같다는 말을 하기도 한다. 그뿐만이 아니다. 황제가 백성의 성씨를 낙점한다는 설도 있고, 서책을 토판(土板)으로 찍는다는 설도 유포되어 있다. 이런 등속의 소문이 너무 난무하여 낱낱이 들어 말할 수가 없을 정도이다."

박제가는 자기가 직접 중국에 가서 본 것을 말해 줘도 믿질 않는 세태를 한탄한다.

"나와 아주 친해서 나를 신뢰하는 사람이라 해도 이 문제에서만은 나를 믿지 않고 저들의 말을 믿는다. 특히 나를 잘 안다고 자부하면서 항상 나를 존경한다고 하는 자들도 그렇다. 이치에 근접하지도 않는 허황된 말을 풍문으로 접한 그들은 드디어 내가 평소 말한 모든 것에 대해 큰 의심을 품고 홀연히 나를 비방하는 자의 말을 믿어 버린다. 그들이 나를 믿지 못하고 다른 사람의 말을 믿는 이유를 나는 뚜렷하게 알고 있다."

박제가는 이제 그가 말하고자 하는 속내를 드러낸다.

"지금 우리나라 사람들은 '오랑캐'라는 한 글자로 천하의 모든 것을 말살하고 있다. 그렇건만 나만은 '중국의 풍속은 이렇기 때문에 무척이나 좋다.'라고 말한다. 나의 말은 그들이 기대하는 것과 비교해서 너무나 다르다. 그렇기 때문에 그들은 나를 믿지 않는다. 이러한 나의 판단을 무엇으로 입증해 보일까?"

"시험 삼아 '중국의 학자 중에도 퇴계(이황)와 같은 자가 있고, 문장가에는 간이(최립)와 같은 자가 있으며, 명필 중에는 한석봉(한호)보다 뛰어난 자가 있다.'고 말해 보라. 그들은 반드시 발끈 성을 내고 낯빛을 바꾸며 대뜸 '어찌 그럴 리가 있겠소?'라고 말하리라. 심한 경우에는 그런 말을 한 사람에게 죄를 가하

산해관 | 중국 하북성(河北省) 북동단에 있는 교통·군사상 요지.

려 들 것이다. 이번에는 이렇게 말해 보라. '만주 사람들은 말하는 소리가 개 짖는 소리와 같고, 그들이 먹는 음식은 냄새가 나서 가까이할 수 없다. 심지어 뱀을 시루에 쪄서 씹어 먹으며, 황제의 누이가 역졸과 간통하여 가남풍(賈南風) 같은 불미스런 소행이 자주 일어난다.' 그러면 그들은 반드시 크게 기뻐하여 내가 한 말을 여기저기 전하기에 겨를이 없을 것이다."

박제가는 계속해서 답답한 그의 심정을 피력하였다.

"내가 일찍이 사람들에게 힘주어 변론하여, '내가 내 눈으로 직접 확인하고 왔거니와 그런 일이 전혀 없다.'고 한 적이 있다. 그들은 끝내 석연치 못한 표정을 지으며 말하기를, '아무개 역관이 그렇게 말했다.'고 하는 것이다. 그래서 내가 말했다. '자네가 그 아무개 역관과 친분이 있는 정도가 나와 비교해서 어떠한가?' 그러자 그 사람이 말하기를, '그와 친분이 깊지는 않지만 그가 거짓말을 할 사람은 아니다.'라고 하였다. 나는 이렇게 말하고 말았다. '그렇다면 내가 거짓말을 했구려.' 인(仁)을 추구하는 자는 모든 것을 인의 관점에서 판단하고 지(智)를 추구하는 자는 모든 것을 지의 관점에서 판단한다고 하더니 참으로 맞는 말이다. 내가 여러 차례 사람들과 논변하였는데 나를 비방하는 자가 제법 많았다."[46]

요컨대, 박제가는 북학론이 사회에 소통되는 데 있어 조선 사람들의 뇌리를 지배하고 있는 고착화된 화이관이 문제라고 판단하였다. 그것은 아무리 눈으로 확인한 사실을 말해 줘도 믿지 않을 만큼 사회적으로 커다란 부작용을 유발하였다. 박제가는 자신이 직접 눈으로 본 중국의 풍물 제도를 말하였지만, 다른 많은 사람들은 그의 말을 믿지 않고, 오히려 그를 당괴(唐魁), 즉 중국병에 걸린 자라고 손가락질할 뿐이었다.

---

46 박제가, 『정유각집』 권1, 「기(記)」, 만필(漫筆); 박제가 지음, 안대회 옮김, 『궁핍한 날의 벗』, 태학사, 2000, 98쪽.

13 사림파 정권의 위선

　　　　　　박제가가 존경한 사람은 최치원(崔致遠, 857~?)과 조헌(趙憲, 1544~1592)이었다. 박제가가 그들을 존경한 이유는 그들이 모두 다른 사람을 통해 스스로를 깨우치고 훌륭한 것을 보면 자신도 그것을 실천하려 했다는 점에 있었다. 즉 박제가의 표현을 빌면,

　"중국의 제도를 이용하여 오랑캐 같은 풍습을 변화시키려고 애썼다."

는 것이다. 박제가는 『북학의』「서문」에서

　"압록강 동쪽에서 천여 년 간 이어져 내려오는 동안, 이 조그마한 모퉁이를 변화시켜서 중국과 같은 문명에 이르게 하려던 사람은 오직 이 두 사람뿐이었다."

고 단언하였다. 이는 박제가의 눈에 비친 당대의 조선 현실이 외래의 문물을 적극 수용하여 그 비루함을 개선시켜야 할 만큼 절박한 것이었음을 간접적으로 증언하고 있다.

　인간의 도덕적 지향과 과학기술 문명이 잘 조화되었던 조선 전기의 건실한 관학적 학풍은 인조반정을 계기로 서인들이 집권하면서

최치원 | 신라 말기의 학자로 12세에 당(唐)에 유학하여 17세에 과거에 급제하였다.

조헌 | 1574년 질정관(質正官)으로 명나라에 다녀와 그곳 문물·제도의 따를 만한 것을 조목별로 적어 『동환봉사(東還封事)』를 내놓았다.

부터 점차 현실에서 배척당하기 시작하였다. 오직 정권을 잡는 데만 혈안이 되었던 서인 세력들은 '폐모살제(廢母殺弟)'라는 도덕적 명분론을 앞세워 실리외교와 민생 중심의 정책으로 임란 이후 피폐해진 국가를 복구해 나가던 광해군을 권좌에서 몰아내었다. 그리고 자신들을 정통 성리학자로 자처하면서 그들의 정치적 입장에 동조하지 않는 지식인들에게는 '사문난적(斯文亂賊)'이라는 딱지를 붙여 사상계의 주류에서 배제시켜 나갔다.

　이처럼 집권 세력 서인들은 주자유일주의를 천명하고 고원한 성리설을 정치 행위의 궁극적인 목적으로 강조하면서, 자칭 정통 도학자인 자신들의 정치적 지위를 공고히 하고자 하였다. 도덕적 수양론이 지나치게 강조되면서 민생의 현실을 뒷전으로 하는 공리공담의 시대가 된 것이다. 안타까운 점은 『심경(心經)』 등을 앞세운 그들의 도덕적 수양론이 결과적으로는 왕권을 압박하고 신권 중심의 사회를 만들기 위한 사림파 세력의 정치적 목적과 계급적 이해를 위해 이용되었다는 데 있었다.

그들의 언행 불일치는 그럴듯한 도덕적 명분을 내걸고 자행된 인조반정에서 여실히 드러났다. 광해군을 쫓아낼 때 도덕적 명분론을 들고 나왔던 서인 세력들은 그들의 반정 구호가 무색하리만치 참으로 반도덕적인 행태들을 자행하였다. 조선을 개방의 나라로 만들려던 소현세자를 암살하였고, 종법제도를 스스로 어기는 변칙을 자행하여 봉림대군을 왕위에 올려놓았다. 봉림대군을 왕으로 만들기 위해 인조와 그 수하들은 소현세자의 처자식까지도 모두 누명을 씌워 제거하였다. 그리고 장장 15년에 걸쳐 벌어진 예송논쟁을 통해서는, 반청 인식에 입각해서 변칙적으로 옹립했던 효종의 왕통을 부인하는 이중적 태도를 보였다. 효종이 북벌을 단행코자 할 때는 심성 수양의 중요성을 강조하여 북벌의 기획을 원천적으로 봉쇄하였고, 영조와 정조가 즉위할 때는 그들의 입맛에 따라 왕을 선택하고자 하는 불경함을 드러내었다. 노론 벽파 세력을 견제하여 정치 개혁을 이루고자 한 정조는 그러한 자신의 의지를 표명한 지 28일 만에 의문사를 당하였다. 주자유일주의를 표방한 집권 서인 세력의 고원한 도덕적 명분론에 의해서 백성들의 삶에 절실했던 이용후생의 학문은 실종된 지 오래였다.

명·청 사이에서 실리중립외교를 전개하던 광해군을 몰아낸 서인 정권은 집권의 명분을 세우기 위해서 더욱 강렬하게 대명의리론에 집착하였다. 그에 따라 명을 멸망시키고 바야흐로 중원의 새 주인으로 부상하는 후금(청나라)을 오랑캐라는 이유로 멸시하기만 한 것은 당연한 수순이었다. 이와 같은 경직된 정책 기조는 중원의 통일을 도모하던 후금을 자극시켜 조선을 먼저 복속케 하는 결과를 초래하였다. 그 결과 임진왜란이 끝난 지 얼마 되지도 않아 정묘호란과 병자호란으로 인해 무고한 백성들이 형언할 수 없는 희생을 당해야만 했다. 대명의리론으로 상징되는 서인 정권의 도덕적 명분론은 쿠데타로 장악한 그들의 권력을 공고화하기 위한 이념적 도구에 지나지 않았다. 사대부임을 뽐내는 무용한 정치인들로 인해서 조선의 근본은 무너지고 있었다.

박제가는 다음과 같이 자문한다.

"지금 백성들의 삶이 날마다 곤궁해지고 있고, 재물은 날마다 궁핍해지고 있는 것은 사대부들이 팔짱만 낀 채 해결하려 하지 않아서 그런 것인가? 아니면 아무 것도 하지 않은 채 편안하게만 지내려는 타성에 젖어 모르고 있는 것인가?"

한편, 박지원은 비루한 조선의 현실을 다음과 같이 진단한다.

"동방에 사는 우리나라의 선비들은 한편으로 치우치는 기질을 갖고 있다. 마치 우물 안 개구리나 나뭇가지 하나에만 깃들이는 뱁새처럼 홀로 이 땅만을 지켜 왔다. '예는 차라리 질박해야 한다.'고 말하고, 더러운 것을 검소한 것으로 안다. 이른바 사농공상의 사민(四民)이라는 것은 겨우 명목만 남았고, 쓰임을 이롭게 하고 삶을 풍족하게 하는〔利用厚生〕 기구는 날로 부족해지기만 한다. 이는 다름 아니라 학문하는 도를 모르기 때문이다."

박지원의 말을 통해서, 이 시기에 이르러 학문의 목표가 변화해 가고 있음을 느낄 수 있다. 사대부들의 학문적 능력이 다만 경전에 대한 암기 능력이나 글을 짓는 문장력에만 국한되어 평가되던 사회 풍조에서 벗어나 이제 미약하나마 백탑파를 중심으로 하여 학문의 목적에 대한 회의가 일기 시작한 것이다.

무릇 독서란 장차 어찌해야 하는가? 장차 글 짓는 솜씨〔文術〕나 살찌울 것인가? 장차 글 잘한다는 명예〔文譽〕나 널리 알릴 것인가? 강학(講學)하고 도(道)를 논하는 것은 독서의 형식〔讀書之事〕이고, 효제충신(孝悌忠信)은 강학의 내용〔講學之實〕이고, 예악형정(禮樂刑政)은 강학의 쓰임〔講學之用〕이다. 독서하면서 실용을 모르면 강학하는 것이 아니다. 강학에서 중요한 것은 그 실용에 힘쓰는 것이다.[47]

즉 경전에 대한 암기나 문장을 짓는 사장(詞章)의 능력보다도, 선비들의 학문이 얼마나 조선 사회의 풍속 변화에 이바지할 수 있는가를 묻는 경세(經世)의 측면이 강조되기 시작한 것이다. '강학의 핵심은 실용에 힘쓰는 것'이라는 박지원의 말은 이 당시 백탑파 인사들을 중심으로 일고 있던 새로운 학문적 지향을 보여준다. 실용에 이

---

47 박지원, 『연암집』 권10, 「잡저(雜著)」, 원사(原士).

용될 수 있는 학문이라야 진정한 학문이라고 주장한 것은 남인 실학
자 정약용도 마찬가지였다. 이들은 모두 조선 후기 사회에서 새로운
학문관을 제창하며, 새로운 사회를 모색했던 선구자들이었다.

14 박제가, 청나라에 가다

1778년(정조 2) 3월 박제가가 스물아홉 살 때, 중원을 한번 밟아 보리라던 그의 숙망이 이루어졌다. 정사 채제공(蔡濟恭, 1720~1799)의 특별한 후의로 박제가는 이덕무와 함께 사행을 따라 그리던 연경을 찾게 되었다.

여기에서 주목할 점이 있다. 박제가와 이덕무가 어떻게 해서 정조의 우익인 채제공 일행의 수행원이 될 수 있었는가 하는 점이다. 여기에는 보이지 않는 홍대용의 노력이 있었다. 홍대용은 일찍이 세손익위사를 지내면서 세손인 정조와 긴밀한 관계를 유지하였고, 변화하는 세계 정세를 정조에게 전함으로써 개혁의 필요성을 각성시켰다. 그리고 백탑 근처에 모여 살던 총명하고 군자다운 백탑파의 젊은 서자들에 대한 이야

채제공 │ 정조의 총애를 받은 남인 출신의 재상.

기도 했다. 정조는 장차 왕위에 오르게 되면 그들을 자신의 우익으로 양성하리라 마음먹었다.

정조는 즉위하자마자 그것을 실행에 옮겼다. 우선 그 젊은 서얼들이 떳떳하게 관직에 진출할 수 있는 조치를 마련하였다. 1777년(정조 1)의 「서류소통절목」 반포가 그것이다. 그리고 1778년에는 그들이 국제적인 식견을 갖출 수 있도록 채제공의 수행원으로 연경에 파견하였다. 그 이듬해인 1779년, 정조는 규장각 검서관직을 신설함으로써 그들을 궁중으로 불러들이기에 이른다.

박제가와 이덕무가 청나라에 가기 한 해 전, 홍대용은 태인현감으로 떠나면서 전송 나온 젊은 그들에게 의미심장한 말을 건넸다.

"자네들에게도 머지않아 기회가 올 테니, 부지런히 공부하고 자신을 갈고 닦게."

이제 그들이 고대하고 고대하던 청국 연행길이 눈앞에 펼쳐지게 되었다. 당시의 연경은 영명한 군주 건륭제의 치세로 정령(政令)이 엄명하고 상화(商貨)가 번영하였다. 『사고전서』 편찬의 대문화사업이 진행되고 있어 전국의 석학 명유가 연경에 운집하였다. 문화적 분위기가 성숙한 문예 부흥의 시기였다. 이 대문화사업을 위해 건륭제는 석학 361명을 모아 한림원에 변리처를 두고 전후 10년의 세월을 들여 경·사·자·집(經史子集) 총 3만 6천 책의 초본을 4부 작성, 이를 수장하고, 그 해제인 『사고전서 총목제요』 2백 권을 만들었다. 후에 다시 3부를 추가, 남북 7각에 나누어 소장하였다.

더욱이 이 사업의 주관자는 청조 일대의 대학자 기윤(紀昀)으로 그는 예부상서의 요직에 있으면서 직접 편찬 집필하여 한학의 융성은

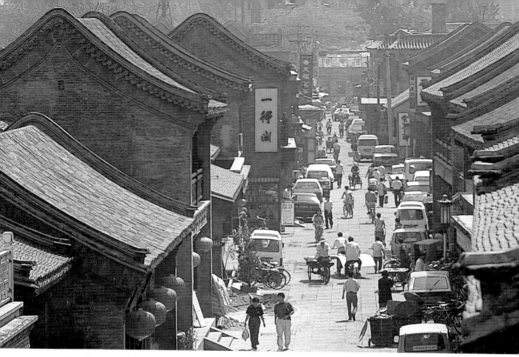

북경 유리창 | 북경 화평문(和平門)에 위치. 청조 건륭 연간부터 형성되기 시작한 골동품 시장이다. 유리창이란 이름은 원나라 때 유리기와 공장이 있던 곳이라 해서 붙여진 것이다.

절정에 달하였다. 바로 이 기윤과 박제가는 가장 인연이 깊었다. 박제가는 세심히 문물을 관찰 기록하는 동시에 반정균·이조원·이정원·축덕린·당락우 등 쟁쟁한 학자를 예방하고 서적의 호수요 숲이라고 할 만한 유리창(琉璃廠) 서사(書肆)에서 책 구경에 열중하였다.

박제가에게 연경은 모든 것 하나하나가 진기한 구경거리였다. 연경에는 대낮에도 수레바퀴 구르는 소리가 '쿵쿵' 거리는데 꼭 천둥소리가 나는 것 같았다. 수레 안에서는 책을 볼 수도 있고 손님을 맞을 수도 있었다. 말하자면 '한 채의 움직이는 집'이었다. 박제가는 유리창 서남쪽에서 이덕무와 함께 자주 수레를 탔다. 다른 사신들과 함께 수레를 타고 국자감·옹화궁·태액지·문산묘·법장사탑 등

유리창 골목 안의 서화 상점.

을 유람하였다.

수레는 모든 것을 실을 수 있어서 그 이로움이 실로 엄청났다. 그러나 오직 조선에서는 이용하지 않았다. 함경도에는 자용거가 있고 군대에는 대거가 있으며, 준천사에는 사거라는 모래차가 있었지만, 이것들은 모두 북방 몽고의 수레를 본뜬 것으로 매우 조잡해서 제대로 된 수레라고 할 수 없었다. 박제가는 솜씨 있는 기술자에게 중국 수레를 본떠서 만들도록 해야 하고, 이때 한 치의 어긋남도 없이 중국 것과 똑같도록 하는 데 힘을 기울여야 한다고 생각했다. 수레가 있어야만 조선 전국의 산물들이 대량으로 유통되어 인민들의 생활이 윤택해질 것이라고 느꼈다.

영동 지방은 꿀은 생산되나 소금이 없고, 평안도 · 관서 지방은 철은 생산되나 감귤이 없으며, 함경도는 삼이 흔해도 무명이 귀했다. 백성들은 이런 물자를 서로 이용하여 풍족하게 쓰고 싶어도 힘이 미치지 않았다. 만약 수레가 이용된다면, 수레 한 대로 모두 운반할 수 있으니 몇 배의 이익이 생길지 알 수 없었다.

사신들이 행차할 때도, 사신 세 명과 호위장군, 비장 · 통역관 · 질정관만 각각 역마나 관마를 타고 갔다. 장사꾼이나 그 밖의 모든 사령(심부름꾼), 또는 여행 중에 필요한 물자를 공급하는 사람들은 제외하더라도, 걸어서 따라가는 사람들이 말의 수보다 두 배가 넘었다. 만 리 길을 가면서 사람에게 걸어서 따라오기를 강요하는 것은 오직 조선뿐이라고 박제가는 생각했다. 단지 걸어서 따라갈 뿐 아니라, 항상 행렬의 곁을 떠나지 못하게 했으므로 빨리 가든 천천히 가든 말이 걷는 속도와 같아야 했다. 때문에 마부로 중국에 들어가는 자는 모두 죄수들처럼 쑥대머리를 하고, 맑거나 비가 오거나 상관없이 걸어서 가야 했다. 이국땅에서 부끄러움을 당하는 것으로 이보다 더 큰 것은 없을 것이었다. 또 지나치게 땀을 흘리고 숨이 차도 감히 쉬지 못했다. 조선의 하인이나 일꾼들이 자주 병드는 이유는 모두 여기에 있다고 박제가는 판단했다.

중국 배는 내부에 물 한 방울 없을 정도로 건조하고 깨끗했다. 곡식을 실을 때에도 뱃바닥에 그대로 쏟았다. 배 위에는 판자를 가로로 깔아 사람이든 말이든 배에 탄 자는 모두 그 위에 앉도록 하여 빗물이나 말의 오줌이 배 안으로 스며들지 않았다. 배를 대는 모든 언덕에는 다리가 설치되어 있었다. 먼 곳을 항해하는 배에는 모두 지붕이 있고 다락이 있는 것은 삼 층쯤 되었다. 백 리에 걸친 하구를 멀리서 바라보면 돛대가 대나무 숲보다도 더 빽빽했다. 배에 꽂은 깃발에는 절강·산동·운남·귀주 등의 지방 이름을 크게 써서 달았다. 많은 중국 사람들이 멀리 여행하는 것도 당연했다.

박제가는 상념에 젖어 들었다. 조선은 모든 수레가 갖고 있는 장점을 알지 못하고, 뿐만 아니라 배도 제대로 이용하지 못했다. 물이나 빗물이 새어드는 것도 막지 못했다. 짐을 많이 싣지 못하고 배에 탄 사람도 편하지 않았고, 말을 배에 태울 때에는 상당히 위태로웠다. 이러니 배를 이용하여 얻을 수 있는 이로움이 한 가지도 없었다.

만약 중국 배가 표류하여 해안 마을에 정박하면, 반드시 그 배의 구조와 기타 여러 가지 기술을 자세히 물어서 솜씨 좋은 기술자로 하여금 그대로 만들도록 해야 할 것이었다. 표류해 온 배를 모방해서 배 만드는 법을 배워야 하고, 표류해 온 사람이 머무는 동안 잘 접대하여 그들의 기술을 다 배운 후에 돌려보내야 할 것이었다. 일찍이 토정 이지함은 여러 척의 외국 상선과 교역해서 전라도의 가난한 백성들을 구제하고자 하였다. 박제가는 멀리 내다볼 줄 아는 그의 식견이 정말 탁월한 것이었다고 느꼈다.

중국은 성을 모두 벽돌로 쌓았다. 적을 만났을 때 버리고 달아나려는 것이라면 모르지만, 그렇지 않다면 조선에는 성이라고 할 만한 것이 전혀 없다고 박제가는 생각했다. 왜냐하면 벽돌을 사용하지 않았기 때문이다. 돌 하나가 벽돌 하나보다 단단할지 모르지만, 여러 개를 쌓았을 때는 벽돌이 돌보다 단단했다. 돌은 그 성질상 서로 붙일 수 없지만 벽돌은 만 개라 해도 회로 붙이면 합쳐져서 한 덩어리가 될 수 있었다.

조선의 성은 돌을 한 겹으로 쌓았다. 그래서 겉은 비록 높고 험해 보여도 사실 안쪽은 쌓은 돌끼리 서로 이가 맞지 않았다. 돌 하나만 빠져도 곧 무너질 것 같았고, 또 이를 막을 수도 없었다. 그래서 중국의 제도를 배워서, 먼저 벽돌로 궁성을 쌓고, 목재 대신 벽돌로 낮은 담을 쌓는 것이 좋을 듯했다. 당시에 조선은 간혹 벽돌을 쓰더라도, 토성 바깥쪽에 벽돌을 한 겹으로 붙여 쌓고 있었다. 그런 상태에서 높게만 쌓으려고 하니 벽돌이 쉽게 떨어져 나갔다. 이가영(李嘉英)은 "우리나라의 성은 모두 그림 속의 성일 뿐이다."라고도 했다. 겉은 성처럼 보이지만 안쪽은 그렇지 않다는 말이다.

중국은 땅 위든 땅속이든 5~6길이나 되는 건물은 모두 벽돌로 만들었다. 누대·성곽·담 등 높은 것은 물론이고, 교량·분묘·봇도랑·방구들·둑 등 지하 깊숙한 곳도 이에 해당했다. 마치 온 나라에 벽돌을 입힌 듯했다. 그래서 백성들은 수재나 화재 및 도둑, 그리고 젖어서 썩는 것, 붕괴되는 것 등에 대한 걱정을 하지 않았다. 벽돌의 효과가 이와 같은데도, 동방 수천 리 되는 지역 가운데 오직 조선만이 이를 사용하지 않고 있었다. 심지어 그 방법도 찾아보지 않으니, 매우 큰 잘못을 저지르고 있다고 박제가는 생각했다.

서양은 벽돌로 집을 지어서 천 년 동안이나 보수하지 않아도 된다고 들었다. 만약 그렇게 했더라면 중국 진나라의 장대(章臺, 진시황제가 도읍인 함양에 세운 궁전)와 아방궁(진시황제가 함양 남쪽에 새로 지은 궁전)도 지금까지 남아 있을 것이고, 후세의 제왕들이 궁궐을 다시 짓기 위해 백성들을 혹사시키는 일도 없었을 것이라고 박제가는 생각했다.

북경의 큰길은 조선의 육조거리보다 3분의 1 정도 더 넓었다. 심양에서 북경까지 가는 길 양쪽에는 전부 나무를 심었다. 폭풍이 불 때나 한창 더울 때에 만약 이 가로수들이 없다면 사람들은 그 어디서도 휴식을 취할 수 없을 법했다. 시내 거리나 골목길에도 구름처럼 무성한 나무가 서로 얽혀 화려하게 꾸며져 있어 완연히 한 폭의 그림과 같았다. 조선에는 오직 평양 대동강가의 수십 리 길에 늘어서 있는 수목만이 보기에 아름다울 뿐이라고 박제가는 생각했다.

박제가가 중국에서 본 모든 다리는 무지개 형태로 만들어졌다. 큰

중국 무지개다리

다리 밑으로는 돛단배가 지나갈 수가 있고, 작은 다리도 거룻배 정도는 통행할 수 있었다. 박제가는 생각했다.

"지금 (우리나라의) 성 안에 있는 돌다리는 모두 평평해서 큰비가 오면 항상 물로 넘친다. 고을을 관통하는 큰길에도 일 년 이상 견디는 다리가 없다. 나무를 깎아 세운 후, 그 위에 솔잎을 얹고 다시 흙을 덮은 뒤 다닌다. 그래서 말이 발을 빠뜨리는 경우가 많다. 또한 다리가 무너질까 봐 백성들을 동원하여 물에 들어가 교각을 붙잡고 서 있게 한다. 당장 다리가 무너져 사람과 말이 다 빠지게 생겼는데 그들의 힘만으로 다리를 붙들고 있다고 해서 그 위험에서 벗어날 수 있겠는가? 이렇듯 그 근본을 무시하고 있으니 실속이 없는 것이다. 따라서 백성을 편하게 하려면, 먼저 기구를 편리하게 쓰도록 해야 한다."

이외에도 박제가는 자신이 보고 느낀 것을 종이에 세심하게 기록했다. 축목·소·말·안장·시장·상인·은·돈·여자 옷·극장·중국어·통역·약·된장·골동품과 고서화·거름·뽕나무와 과일·과거제 등 그가 보고 듣고 경험한 모든 것이 기록의 대상이 되었다. 박제가는 청나라 기행을 통해서 예상했던 것 이상의 문화적 충격을 받았다. 명나라가 망한 뒤 조선이 중화문명의 적통을 계승한 것이라는 조선 사대부들의 소중화 의식은 박제가에게는 더 이상 통용되지 않는 허구적 관념일 뿐이었다.

박제가는 말한다.

"중국에 있을 때 한 서점에 들렀더니, 그 주인이 거래 장부를 정리하느라 매우 바빠서 잠시나마 이야기할 틈이 없었다. 그런데 우리나라의 책장수는 책 한 권을 가지고 몇 달씩 사대부 집을 두루 돌아다녀도 결국에는 팔지 못한다. 나는 중국이 문명의 본고장이라는 것을 깨달았다."

박제가는 다시 말한다.

"중국 서적을 읽지 않는 자는 자신의 식견에 스스로 한계를 긋는 것이다. 또한 중국을 모두 오랑캐라고 하는 것은 결국 남을 속이는 것이다."

박제가는 연경의 풍물 중에서도 상업이 번성한 시장의 모습에서 깊은 감명을 받았다. 연경에 있는 아홉 개의 문 안팎 수십 리에 걸쳐서, 각 부의 관청과 아주 작은 골목길 외에는 길 양쪽이 모두 시장이었다. 시골도 마찬가지여서 마치 옷에 선을 두른 듯했다. 가게 안은 항상 사람들로 발 디딜 곳조차 없어 마치 극장에 구경하러 온 것 같았다.

박제가는 조선에서 '사·농·공·상(士農工商)' 중에 가장 말업으로 천대받던 상업 행위를 적극적으로 옹호하였다.

"중국 사람들은 가난하면 상인이 되는데 참으로 현명한 생각이다. 우리는 어떠한가. 겉치레만 알고 고개를 저으며 꺼려하는 일이 너무 많다. 사대부는 놀고먹을 뿐, 하는 일이라곤 없다. 아무리 가난해도 사대부가 들에서 농사를 지으면 알아주는 자가 없다. 따라서 비록 집에 돈 한 푼 없어도 높다란 갓에 소매가 달린 옷으로 치장하고 어슬렁거리며 큰소리만 치는 것이다. 그래서 시장의 장사치들도 그들이 먹던 나머지를 더럽다고 한다. 그래서 겉치레만 아는 우리보다 장삿질에 나서는 중국 사람이 훨씬 낫다."

상인도 사민(四民) 가운데 하나에 속하므로, 사·농·공과 함께 상업에 종사하는 사람들도 전체 인구의 10분의 3이 되어야 한다고 생각했다. 박제가는 스스로에게 반문한다.

"우리나라는 검소한데도 쇠퇴하는 것은 무슨 까닭일까? 검소하다는 것은 물건이 있어도 남용하지 않는 것을 말하는 것이지, 자신에게 물건이 없다 하여 스스로 단념하는 것을 말하는 것은 아니다."

박제가는 다음과 같이 결론을 내린다.

"재물이란 우물과 같다. 퍼내면 차게 마련이고 이용하지 않으면 말라 버린다. 그렇듯이 비단을 입지 않기 때문에 나라 안에 비단 짜는 사람이 없는 것이다."

그리고 그는 조선의 가난을 물리치기 위해 애쓰는 정조의 우익 채제공을 떠올렸다.

"판서 채제공은 종각 북쪽 거리를 넓히고 새롭게 정비한 다음 상가를 구획하여 흥인문에서 숭례문까지의 모습을 새롭게 하기를 바랐지."

그들 사이에는 굳이 말을 하지 않아도 통하는 그 무언가가 있었다.

15 『북학의』의 탄생

박제가가 북경에서 돌아왔을 때, 많은 사람들이 찾아와서 중국의 풍속에 대해 듣고 싶어 했다. 박제가가 사람들에게 말했다.

"중국의 물건이 모두 그렇다. 말과 글이 일치하며 집은 금색으로 채색되었다. 수레를 타고 다니며 어느 곳이든 향기로운 냄새가 난다. 도읍과 성곽, 악기의 화려한 음색, 무지개 모양의 다리와 푸른 숲, 사람들이 활기차게 거니는 풍경 등은 완연히 한 폭의 그림과도 같다."

그러나 박제가의 말을 들은 그들은 모두 황당해 하며 믿지 않았다. 그러고는 실망한 채 돌아갔다. 아마 그가 너무 오랑캐를 편든다고 생각한 것 같았다. 심지어는 청나라의 현실을 분명히 알려 주려는 박제가와 언쟁을 벌인 사람들도 있었고, 그를 비방하는 사람들도 제법 있었다. 박제가는 깊이 탄식하였다.

"아아, 이들은 모두 앞으로 이 나라의 학문을 발전시키고 백성을 다스릴 사람들이 아닌가. 그런데 이렇게 답답하니, 오늘날 우리나라의 풍속이 발전하지 못하는 것도 당연하다. 주자는 '의리를 아는 사람이 많아지기를 원할 뿐이다.' 하였다. 나도 글을 통해 북학에 대해 변론하지 않을 수 없다."

1778년(정조 2) 9월에 박제가는 『북학의』를 탈고하였다. 연행에서 돌아온 지 약 3개월만이었다. 박제가는 여기에서 이용후생을 강조하였다. 이기심성(理氣心性) 논쟁으로 날을 보내던 조선 후기 사회의 지적 사조 속에서, 박제가는 왜 유독 정통 성리학자들에 의해서 말기로 폄하되고 있던 이용후생의 측면을 강조한 것일까? 그것은 바로 당시 조선 백성들이 굴레처럼 뒤집어쓰고 있던 가난을 극복하기 위함이었다.

그 자신 유년 시절의 곤궁한 삶을 면치 못했던 박제가는 '가난이 나라의 큰 적' 임을 깊이 깨달았다. 그리고 생산 기술과 도구의 필요성을 절실하게 느꼈다. 이와 같은 공리적 입장은 성리문화의 말폐에 대한 대안적 성격을 갖고 있었다. 정국을 주도한 사림파들은 국제관

「북학의」 | 박제가가 청국을 돌아보고 와서 지은 경세서.

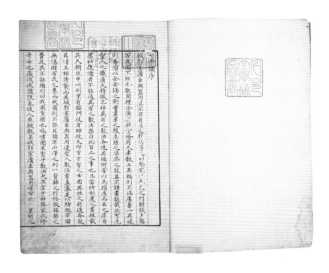

계에 있어서 숭명반청의 외교노선을 유지하려고 하였다. 그러나 조선 후기에 들어 청조문화와의 접촉에 의해서 식자 간에 청조문화의 진보성을 수용하고 국제관계의 폐쇄성을 지양하여 개방하자는 의견이 높아지게 되었다. 북학파 학자들의 입장이 그것이었다.

박제가가 조선 사회의 가난을 물리치기 위해서 중점을 둔 것은 해외통상론까지를 염두에 둔 상업의 활성화였다. 가난하면 상인으로 나서는 중국 사람들을 매우 현명하게 생각한 박제가는, 그만큼 상행위 자체가 부를 창출하는 인간 행위임을 적극적으로 이해하고자 하였다. 그와 함께 집에 돈 한 푼 없이 가난하면서도 일하지 않고 체면치레에만 힘쓰는 조선 양반 사대부가의 허세를 신랄하게 비판하였다.

지금까지 박제가를 주제로 한 많은 연구들에서는 대체로 박제가의 상업중시론이 해외통상론까지를 주장했다는 점에 주목하여 이에 대해 적극적인 의미를 부여하고자 하는 경향이 우세하였다. 그동안 정식 교류의 경험이 없던 서양인(西土)의 초빙까지를 주장한 박제가의 적극적인 통상론은 지금까지 고립적인 사대교린의 틀 속에 안주해 온 조선의 대외정책을 비판한 근대적인 주장으로서 평가되어 왔다. 그러나 한편으로 생각해 보면, 상업중시론에 기초한 해외통상론으로의 이론적 확대는 영리를 추구하는 상행위 중시의 입장에서 필연적으로 나아가야 될 당연한 수순이었다. 따라서 이제 박제가의 상업유통론에서 주목해야 하는 것은 조선시대 사상사의 내적 전개과정에서 차지하는 역사적 의미이다.

조선 후기 백성들의 삶이 박제가가 『북학의』에서 표현한 바와 같이 그토록 절박하게 된 이유는 그동안 일반적으로 알려져 왔던 것처럼 단순히 사대부들의 공리공담에서 오는 민생 문제의 도외시라든가, 또는 삼정(三政)의 문란과 같은 '표면적' 행태에서만 전적으로 비롯된 것은 아니었다. 물론 이 문제들이 어느 정도 구조화된 양상을 띠었던 것은 사실이지만, 그보다 근본적인 원인은 조선 정부가 재정 운영정책의 기조로 추진했던 '절용(節用)'의 재정구조에서 파생한 것이었다.

조선의 재정이념으로 제기된 '절용'은 관용의 덕치를 이상으로 하는 고대 중국의 통치이념에 연원을 두고 있었다. 태조 1년 10월에 공부상정도감(貢賦詳定都監)에서 제시한 조선왕조의 재정이념은 다음과 같았다.

나라를 지키는 데에 '애민(愛民)'이 가장 중요하며, '애민'에는

'절용(節用)'이 가장 중요합니다. 검소함을 숭상하고 사치를 버리는 것이 '절용'의 골자이며, 부세를 가볍게 하고 폐법(弊法)을 고치는 것이 '애민'의 골자입니다. 옛날에 나라를 잘 다스리는 자는 땅의 산물을 헤아려 공납을 정하고 재화의 수입을 헤아려 그 지출을 절약하니 이것이 경상(經常)의 법도입니다. 통치자는 이것을 삼가 명심해야 하니 창업 초기에는 특히 그러합니다.[48]

조선 정부가 건국 초기부터 내세운 재정정책은 이와 같이 '검소함을 숭상하고 사치를 버리는 것'을 핵심으로 하였다. 따라서 활발한 상행위를 조장하여 그를 통해 백성들이 많은 이득을 취하게 하고, 국가가 그에 상응하는 부가세를 거두는 일은 애초부터 고려의 대상이 되지를 못하였다. 조선 정부는 농업을 위주로 생활하는 백성을 사랑하는 입장에서 최소한도의 예산을 편성하고 그에 맞게 지출을 줄이는 쪽을 택했다. 즉 조선 정부는 '절용'의 이념에 서서 수취 대상을 파악하여 수입 재원의 양을 미리 정한 상태에서 수취하고 그에 맞추어 지출을 행하는 '양입위출(量入爲出)'의 재정운영을 시행하였는데, 수입 재원이 거의 토지에서 생산되는 농산물에 한정됨으로써 사실상 재정상의 빈곤 상태를 면치 못하였다.

이 '절용'의 재정구조는 지방에서 중앙정부로 올라오는 막대한 양에 이르는 현물세의 유통에 드는 비용을 절감하기 위하여 중앙정부에서 필요한 최소한의 세금을 제외한 지방세는 각 지방에서 스스

---

48 『태조실록』권2, 태조 1년 10월 12일.

로 해결하도록 하는 이중적 구조를 유지하였다. 다시 말하면, 중앙 정부가 지방으로부터 국가 운영에 필요한 모든 세금을 일괄적으로 징수한 다음에 이를 다시 각 지방 관청으로 배분하는 형식을 피하고, 지방의 자율적인 재정권을 최대한 보장하는 정책을 유지했다. 국가재정과 지방재정이 이원화되어 상호 유기적으로 운영되는 독특한 특징을 지니고 있었던 것이다.[49] 이에 따라 현물의 유통이라는 상업의 기초 행위가 사실상 차단되어 있었다.

조선 정부의 애민적 재정정책은 부세에 드는 운송비를 비롯한 요역·잡역적 성격의 부가적 징수를 절감하는 효과를 기대한 것이었다. 그런데 이 '절용' 정책은 지나친 유통의 억제로 말미암아 오히려 시장경제 활동이 위축되는 결과를 초래하였다. 박제가가 수레를 이용한 적극적인 물화의 유통과 외국과의 통상을 강조한 것은 바로 조선 건국 초부터 계승되어 오던 재정운영 방식의 문제점을 정면으로 지적한 것이라는 점에서 매우 중요한 사상사적 의미가 있다.

그렇다면 박제가는 유학적 경세론을 완전히 뛰어넘은 사람이었는가? 유교적 애민을 앞세운 조선 정부의 절용의 재정구조에 정면으로 맞서는 상업유통론의 주장과 주자성리학에 반하는 이용후생론의 강조는 박제가의 사상적 정체성, 즉 유학의 초극성에 대한 의문을 유발시킨다. 더욱이 청에 대한 복수설치가 명분상으로나마 시대정신으로 자리하고 있던 사회 분위기 속에서 '북학'이라는 박제가의 파

---

49 손병규, 「조선후기 재정구조와 지방재정운영」(2003), 『朝鮮時代史學報』 25, 조선시대 사학회, 136~142쪽.

격적인 주장이 박지원에 의해서 옹호되었던 점도 주목된다. 북학파의 영수 박지원은 1780년(정조 4)에 청 고종의 70세 생일을 축하하는 진하사(進賀使)를 따라 중국에 갔다가 그때 본 중국의 문물을 일기체 형식으로 하여 『열하일기』를 저술하였다. "법이 좋고 제도가 아름다우면 아무리 오랑캐라 할지라도 스승으로 삼아야 한다."는 것이 그의 주장이었다.

박지원이나 박제가가 추구했던 학문은 바로 민생의 회복에 절실한 이용후생의 학문이었다. 박지원은 다음과 같이 말하였다.

> 이용후생한 뒤에야 백성들의 생활을 풍부하게 할 수 있고, 백성들의 생활을 풍부하게 한 뒤에야 그들의 덕행을 바른 데로 이끌 수 있다. 백성들이 생활에서 사용하는 도구나 환경들을 능히 이롭게 하지 못하면서 그들의 생활을 풍부하게 하기는 드문 일이다. 백성들의 생활이 이미 스스로 풍족하지 않다면 어찌 백성들의 덕행을 능히 바른 데로 돌릴 수 있겠는가?[50]

박지원이 생각하는 경세학의 논리는 이와 같이 자명하였다. 이용후생, 즉 백성들의 생활환경을 이롭게 하여 삶의 질을 높이는 것, 바로 그것이다. 박지원은 조선 사회의 대다수 성리학자들이 주장하여 온 바와 같이 하늘로부터 부여받은 인간의 착한 마음씨를 지키자는

---

50 박지원, 『열하일기』, 「도강록(渡江錄)」, "利用然後 可以厚生 厚生然後 正其德矣 不能利其用 而能厚其生 鮮矣 生旣不足以自厚 則亦惡能正其德乎."

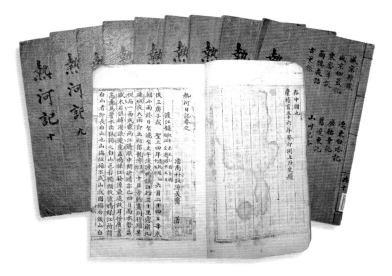

『열하일기』｜ 박지원이 쓴 중국 기행문.

수양론만으로는 민생을 안정시킬 수 없다고 보았다. 기본적으로 백성들의 생활을 풍부하게 한 연후에야 성리학에서 추구하는 덕행의 달성도 가능하다고 본 것이다.

공자도 인간에게 원초적으로 필요한 것이 식(食)과 색(色), 즉 기본적인 경제적 안정과 남녀 간의 화합으로 인한 자손의 번식이라 했던 것을 상기한다면, 박지원의 경세학은 이제 성리학의 좁은 울타리를 벗어나서 공자가 설파한 원초유학의 입장을 지향하고 있음을 확인하게 된다. 도덕우선주의를 강조하는 성리학적 입장을 뒤집고 기초적인 경제적 바탕 위에서 도덕적 완성을 추구하고자 하는 전형적인 유학의 현세주의적 입장을 강조하게 된 것이다.

박제가 역시 박지원의 학문관을 계승하였다.

김준근, 「옹기장」

무릇 이용후생에 하나라도 갖추지 못한 것이 있다면 위로 정덕(正德)을 해치게 된다. 그렇기 때문에 공자는 "백성이 이미 많아졌으면 부유하게 해주고 부유해졌으면 가르쳐야 한다."고 하였고, 관중은 "의식이 풍족해야 예절을 안다." 하였다. 이제 민생이 날마다 곤궁해지고 재용이 날마다 궁핍해 가는데 저 사대부들은 소매 속에 손만 꽂고 앉아서 이를 구원하지 않으려는가? 아니면 옛 법에만 의존하여 편하게만 지내어서 그런 사실을 모르는 것인가?[51]

결국 박제가의 『북학의』는 이용후생이 밑받침되어야만 정덕이 온전해질 수 있다는 결론에 다다른다. 사실 원초유학의 중요 경전 중 하나인 『서경(書經)』에서 정덕과 이용후생은 서로 분리가 되어 존재하는 항목들이 아니었다. 정덕과 이용후생이 조화를 이루어야만 완전한 정치가 이루어지는 것으로 보았다.[52]

박지원과 박제가의 견해가 일치한 것은 그들이 평소 갈고 닦은 논의의 산물이었다. 박제가가 청국을 방문하고 돌아와 『북학의』를 저술

---

51 박제가, 『북학의』, 「서문」.

하자, 이를 본 박지원은 그 「서
문」에서 다음과 같이 말하였다.

"아아! 어떻게 이것이 우리
두 사람이 중국에 가서 눈으로
직접 본 후에서야 알게 된 것이
겠는가? 일찍이 우리는 비새는
집, 눈 뿌리는 처마 밑에서 연구
했고, 또 술 데우고 등잔 불똥을
따면서 손바닥을 치며 이야기했
던 것이다. 여기에 다시 눈으로
직접 경험했을 뿐이다."

김홍도, 「대장간」

---

52 『서경(書經)』 권1, 「대우모(大禹謨)」. "禹曰 於帝念哉 德惟善政 政在養民 水火金木土穀
惟修 正德利用厚生惟和 九功惟敍 九敍惟歌 戒之用休 董之用威 勸之以九歌 俾勿壞." 채
침(蔡沈)의 주(注)에 의하면, "정덕(正德)이란 부모가 자애롭고, 자식이 효도하며, 형
은 우애가 있고, 동생은 공경하며, 남편은 의롭고 아내는 순종하는 것이니, 백성의 덕
을 바르게 하는 소이이다. 이용(利用)이란 공작(工作)과 집기요 상업을 통하여 재화를
축적하는 따위이니 백성의 삶에 소용되는 것을 이롭게 하는 소이이다. 후생(厚生)이란
비단옷을 입고 고기를 먹어 주리지 않고 춥지 않는 따위이니 백성의 생활을 풍족하게
하는 소이이다."라고 되어 있다.

16 학문의 목적

　　　　　　박지원을 중심으로 하는 이들 인사들은 조선의 현실을 개선하기 위해서 절차탁마하였다. 그 결과가 '북학론'의 제창이었다. 박지원이 1781년(정조 5)에 쓴 것으로 보이는 『북학의』「서문」에서,

> 내가 이 책(『북학의』)을 한번 살펴보았더니, 내가 지은 『일록』(『열하일기』)과 조금도 어긋나지 않아 마치 한 솜씨에서 나온 것 같았다. 나는 몹시 기뻐서 사흘 동안이나 읽었으나 조금도 염증이 나지 않았다.

라고 기술한 것은 결코 우연이 아니었다. 박제가가 이덕무와 동행하여 연경으로 간 그 사행길은 바로 북학파 인사들이 평소에 토론 주제로 삼았던 치국의 이상을 청국에 가서 직접 확인하는 계기가 되었다. 그 결과 그들은 이용후생을 중시하는 자신들의 생각에 확신을 갖게 되었으며, 그 소신이 『북학의』라는 저술을 통해서 세상에 빛을 발하였던 것이다.

북학파들이 추구하는 학문의 목표가 어디에 있는지를 보여주는 보다 구체적인 자료는 이덕무의 글에서도 발견된다.

나는 전부터 우리나라에는 세 가지 좋은 책이 있다고 생각하는데 그것은 바로 『성학집요(聖學輯要)』·『반계수록(磻溪隧錄)』·『동의보감(東醫寶鑑)』이다. 하나는 도학(道學), 하나는 경제(經濟), 하나는 사람을 살리는 방술〔活人之方〕로 모두 유자(儒者)의 일이다. 도학은 진실로 사람됨의 근본이 되는 일이니 말할 것 없지만, 요즈음 세상에는 오로지 사한(詞翰)만을 숭상하며, 경제를 멸시하니, 의술이야 그 누가 밝히겠는가?[53]

위에서 본 바와 같이 이용후생과 정덕의 불가분성을 주장했던 박지원과 박제가의 입장을 더욱 분명히 해주고 있는 이덕무의 견해는 여러 가지 사실들을 함축하고 있다. 그것은 첫째로 이덕무가 『성학집요』·『반계수록』·『동의보감』이라는 구체적인 서적의 이름을 통해 당시 백성들에게 가장 절실한 학문이 무엇인지를 명확하게 제시하고 있다는 점이다. 그것은 도학과 경제와 의술이었다. 유학에서 말하는 '경제(經濟)'라는 용어가 '경국제세(經國濟世)'의 준말로서 오늘날의 정치학(Politics)적 개념으로 사용되고 있었지만, 이 당시에 북학파들이 구사한 '경제지학(經濟之學)'은 오늘날의 경제(Economy)

53 이덕무, 『청장관전서』 권20, 『간본아정유고』 권6, 「문(文)」, 여이락서서구서(與李洛瑞書九書); 『국역청장관전서』 IV, 민족문화추진회, 192쪽.

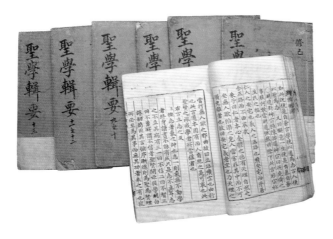

『성학집요』 │ 이이가 1575년
(선조 8)에 편찬한 수신서.

의 개념과 매우 밀접해져 가고 있음을 주목할 일이다. 여기서 우리
가 확인하는 바는, '도덕과 경제는 자매지간이며, 좋은 정치는 이 두
개의 바퀴가 함께 굴러가는 것'이라고 설파한 오늘날의 사회과학적
개념을 이덕무가 구사하고 있다는 점이다.

사실 앞서 정덕과 이용후생의 조화를 강조한 『서경』의 정치관에서
도 확인한 바와 같이, 도덕과 실용을 함께 중시하는 이덕무의 견해는
원초유학의 전형적인 입장이었다. 이런 입장에서 봤을 때, 조선의 정
치를 대표하던 이른바 도학자들, 즉 이기론에 바탕을 둔 심성론과 예
론만을 정치의 근본으로 삼고 나머지 이용후생의 학문과 기술들은
선비들이 멀리해야 할 말기로 폄하하던 사림파는 민생을 도외시하고
조선의 정치를 공리공담의 장으로 변질시키고 말았다는 비판을 받아
마땅했다. 그것도 겉으로만 도학을 부르짖을 뿐이요, 실상은 사한(詞
翰), 즉 문장이나 뽐내는 것으로 변질되고 말았다는 이덕무의 지적은

당시의 이율배반적인 정치 현실을 잘 보여준다.

두 번째로 간파할 수 있는 것은 북학파가 이전까지와는 다른 새로운 선비상을 제시하고 있다는 것이다. 이전의 이상적 선비상은 겉으로 도학만을 추구하면 사회적인 용인을 받을 수 있었지만, 이제는 선비라면 도학과 경제와 방술을 모두 자임할 수 있어야 한다는 것이다. 박지원이 「호질(虎叱)」을 지어 위선적 양반을 풍자하거나, 「허생전」을 지어 현실에 적극적으로 참여하는 선비상을 그려낸 것도 이

『동의보감』 | 허준이 1611년(광해군 3)에 완성하여 1613년에 간행한 조선 제일의 의서. 중국과 일본에도 소개되었다.

당시에 새롭게 대두하고 있던 실학적 선비상의 표현이었다.

세 번째로 주목되는 것은 유학자가 실행해야 할 학문의 본보기로 이덕무가 든 세 가지 책이 모두 조선의 선비들에 의해서 저술된 것이라는 점이다. 『성학집요』를 지은 이이는 유명한 정치가요, 철학가요, 경세가였으며, 『반계수록』을 지은 유형원은 성호 이익(李瀷)으로 대표되는 남인 실학의 단서를 제공한 경세가이고, 『동의보감』을 지은 허준은 더 이상의 설명이 필요없는 조선 토착 의술의 집대성자였다. 이덕무가 이들이 지은 세 책을 조선의 선비들이 힘써야 할 학문의 지표로 지목한 것은, 기존의 성리학자들이 자신들의 의론을 전개할 때마다 중국의 고사와 서책을 인용하던 것과는 판이한 태도였다. 이는 당시의 실정으로 보면 매우 참신하고 주체적인 자세였다.

이덕무의 주체적인 태도, 더 나아가 '무릇 이용후생에 하나라도 갖추지 못한 것이 있다면 위로 정덕을 해치게 된다.'고 설파한 박제가의 철학적 입장은 현재의 우리에게 많은 것을 시사한다. 그것은 첫째로 오늘날 한국을 대표하는 지식인들이 자아에 대한 깊은 성찰 없이 몰주체적인 학문 활동을 하고 있지는 않은가? 하는 점이다. 조선의 보수적 성리학자들이 말끝마다 중국의 고사를 인용하고 중화문명의 관점에서 조선의 역사를 폄하하였던 것과 같이 오늘의 지식인들 또한 그런 우를 범하고 있지는 않은지 깊이 성찰해 볼 일이다.

둘째로 박제가의 주장에서도 잘 드러나는 바와 같이, 이용후생의 필요성은 위로 정덕을 해치지 않을까 하는 염려에서 비롯되었다는 사실이다. 논리적으로 보면, 정덕을 실현하기 위한 기본 전제로서 이용후생이 강조되고 있는 것이다. 정치하는 사람들이 백성들을 굶주리게 하면서도 말로만 도덕을 부르짖는 것은 그야말로 온 나라에 법망을 펼쳐 놓고 백성들이 걸려들기만을 바라는 것과 같은 잔혹한 정치에 다름 아니다. 그렇게 되면 정치인들이 위선적이라는 점을 논하기에 앞서, 백성들 자체가 정덕, 즉 인간으로서의 도리를 이행하지 못하게 되리라는 것이 박제가의 염려였다. 먹고 사는 것이 중요하지만, 그것은 어디까지나 정덕이라는 상위개념의 가치를 온전히 유지하기 위한 전제라는 점, 이것이 북학파의 논리였다.

오늘의 우리 사회는 어떠한가. 황금만능에 눈이 멀어 정덕과 이용후생의 가치가 전도된 사회가 아니던가. 이러한 가치의 전도는 압축고도성장을 지향했던 군사독재정권 시절에 체내화된 것으로 평가되고 있다. 그런데 고인이 된 박정희가 아직까지도 우리 사회에 커다란 향수를 불러일으키고 있는 것은 전적으로 자신을 신격화시키기 위해서 자행한 폭압적 세뇌정치의 영향 때문일까? 그러한 측면이 없다고도 할 수 없지만, 그것이 전부라고 말할 수도 없을 것 같다. 당시 우리 사회의 화두는 가난의 극복이었고, 그는 운이 좋게도 그와 같은 시대정신을 독점한 것이다. 박정희 집권 초 야당이던 민주당이 박정희 군부 정권의 부당성을 비판했음에도 불구하고, 박정희 정권의 경제 제일주의 이데올로기를 극복할 개혁적 정치구상을 제시하지 못함으로써 국민의 지지를 받지 못했다는 사실을 상기할 필요가 있다. 경제의 부흥, 그것이 당시의 시대적 과제였으며, 사람들은 아직도 그때의 성취감을 잊지 못하는 것이다. 불행했던 점은 근대화라는 시대정신을 앞세움으로써 인간으로서 지켜야 할 도덕성의 가치가 크게 폄훼되었다는 점이다.

그러나 지금은 세상이 바뀌고, 시대정신도 달라졌다. 아직도 외형적 성과를 위해서라면 어떤 부조리도 용인될 수 있다는 사고방식이나 천박한 황금만능주의를 고수한다면, 이는 시대에 뒤처진 사람이라는 지적을 면할 수 없을 것이다. 이용후생은 사람이 살아가는 데에 필요한 필요조건일 뿐 그것이 정덕을 앞서는 상위개념이 아니라는 점을 명확히 인식할 필요가 있다. 지금 우리 사회의 과제는 전도된 가치를 제자리로 돌려놓는 일이다.

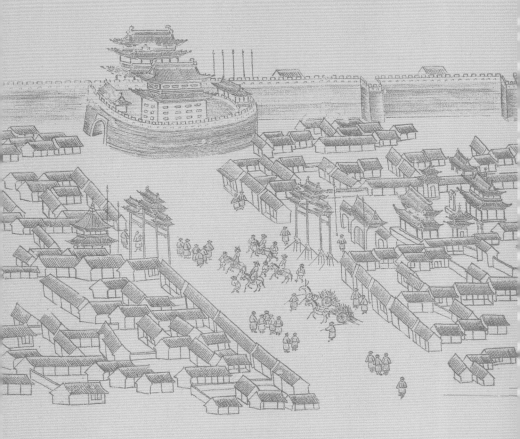

2부

알아주는 이 있으니 무에 두려우랴

17 규장각의 건립

　　　　　　서얼 출신으로 사회적 냉대의 대상이었던 박제
가는 다행히 개혁군주 정조를 만나면서 자신의 재주를 정국에 활용
할 수 있게 되었다. 1779년(정조 3) 3월 27일(신해) 국왕 정조는 서류
(庶類) 가운데 문예가 있는 자들을 검서관으로 임명하도록 조치하였
다. 그에 따라 박제가·이덕무·유득공·서리수 네 명을 최초의 규
장각 검서관으로 임명하였다. 이는 전통적인 신분적 제한을 뛰어넘
는 파격적인 조치였다.

　정조는 이들을 궁궐 안으로 불러들이기 위해서 두 해 전(1777, 정
조 1)에 미리 「서류소통절목(庶流疏通節目)」을 반포하였다. 정조는 노
론 척족이 특권 세력으로 발호하던 영조대 후반의 탕평정치에서 아
버지를 여읜 피해자였다. 자신도 왕이 되는 과정에서 노론 척족에
의해 죽을 고비를 수차례나 넘겼으므로 그 어느 때보다도 자신의 우
군이 절실하였다.

　정조는 영조대 후반 권력을 농단하기에 이른 척족 세력의 발호 등
탕평정치의 말폐를 비판하면서 정치개혁을 요구한 청론(淸論)의 정
치개혁론을 받아들였다. 이는 당초의 취지와는 달리 외척들의 발호

로 오히려 왕권 강화에 장애가 되었던 영조대 탕평정치의 폐해를 극복하고자 한 것이다. 이에 정조는 외척을 배제하고 사림을 등용한다는 '우현좌척(右賢左戚)'과, 학자를 우대하고 학문 연구에 입각하여 정치를 한다는 '우문지치(右文之治)'의 청론적 지향을 자신의 정치적 원칙으로 표방하였다. 그리고 그 정책적 수단으로서 규장각(奎章閣)을 설치하였다.

국왕 정조는 억울하게 죽은 아버지 사도세자의 전철을 밟지 않기 위해서, 먼저 착실하게 노론 외척과 대결할 만한 자신의 힘을 키우고자 하였다. 노론을 미워하던 아버지 사도세자는 순진하게도 그 마음을 너무 쉽게 노론 당파에게 드러내 보였다. 사도세자의 마음을 안 노론 세력은 사도세자를 제거하기 위해 부왕인 영조와의 사이에서 두 사람을 이간질시켰다. 영조의 의구심을 받게 된 사도세자는 홧증으로 점차 광적인 일들을 벌이기 시작했다. 1762년(영조 38) 5월 22일 나경언의 고변서와 함께 올려진 세자의 비행 십여 조목은 노론 당파가 사도세자를 제거하기 위해 띄운 회심의 승부수였다. 결국 사도세자는 이 일로 인해 어처구니없이 목숨을 잃었다.

세자의 비행이 아무리 크다 해도 영조가 자기 자식을 뒤주에 가둬 굶겨 죽인 일은 지나친 처사였다. 영조는 왜 그런 무리수를 두었을까? 노론과 일촉즉발의 대립각을 세우고 있던 사도세자를 제어하지 않는다면 자신의 왕위 보존도 어려울 것이라는 정치적인 고민이 앞섰으리라. 세자가 뒤주 속에서 8일을 갇혀 있는 동안 어느 누구도 세자를 구명하기 위해서 나서는 자가 없었다는 사실과, 영조가 장차 사도세자의 죽음에 대한 어떤 언급도 하지 못하도록 함구시킨 것은 노론 당파가 갖고 있던 살풍경한 권력의 힘을 웅변한다.

정조는 아버지의 전철을 밟지 않기 위해서, 우선 착실하게 자신의 세력부터 키울 것을 다짐했다. 규장각이 그 중심기관이었다. 정조는 즉위 다음 날인 1776년(정조 즉위년) 3월 11일(임오)에 우선 찬집청(撰集廳)과 교정청(校正廳)을 지어 영조의 행장과 시장을 짓고, 영조의 어제(御製)를 교정하도록 명하였다. 이 일은 정조의 우익인 남인 영수 채제공이 양쪽 업무의 당상으로 참여하였다. 그리고 건물의 축조에 착수하여 9월 25일(계사)에 규장각이 창덕궁 금원 북쪽에 세워졌다. 이와 함께 제학·직제학·직각·대교 등의 관원을 두었다.

조선에서 관직을 설치한 것은 모두 송나라의 제도를 따랐다. 홍문관은 집현원을 모방하였고, 예문관은 학사원을 모방하였으며, 춘추관은 국사원을 모방하였다. 그러나 유독 임금의 글을 존각(尊閣)에 간직하는 용도각(龍圖閣)이나 천장각(天章閣) 같은 제도가 없었다.

규장각의 설치 논의는 세조 때부터 있어 왔다. 세조 때에 동지중추부사 양성지(梁誠之)가 아뢰기를,

"군상(君上)의 어제(御製)는 운한(雲漢, 은하수)과 같이 하늘에 밝게 빛나니 만세토록 신자(臣子)는 마땅히 존각(尊閣)에 소중히 간직할 바이기 때문에, 송조에서 성제(聖製)를 으레 모두 전각을 세워서 간직하고 관직을 설시하여 관장하게 하였습니다. 바라건대 신 등으로 하여금 어제 시문을 교감하여 올려서 인지각 동쪽 별실에 봉안하되 규장각이라 이름하고, 또 여러 책을 보관한 내각은 비서각이라 이름하며, 다 각기 대제학·직제학·직각·응교 등 관원을 두되 당상관은 다른 관직이 겸대하고 낭료(郎僚)는 예문관 녹관으로 겸차하여 출

납을 관장하게 하소서."

하였다. 그러나 세조는 빨리 시행할 만하다고 일컬으면서도 설시할
겨를이 없었다.

숙종 때에는 여러 임금의 어제·어서를 봉안하기 위하여 별도로
종정시에 작은 집을 세우고 임금이 친히 '규장각' 이라는 세 글자를
써 붙였는데, 규제는 갖추어지지 않았다.

정조가 즉위하여서는 먼저 영조실록을 편찬하는 구윤명과 채제공
등에 명하여 영조의 어제를 편찬하여 목판에 새기고 영조의 어묵을
모사하여 돌에 새기도록 하였다. 또 어제가 중외에 흩어져 있어 인
쇄되지 않은 것은 부서를 만들어 등사하되 한 본은 원릉(元陵, 영조와
계비 정순왕후 김씨의 능)의 한쪽 방에 비치하고, 한 본은 대궐 안에

주합루 | 규장각의 본체 건물. '宙合樓' 라는 편액 글씨는 정조의 친필이다.

임시로 봉안하였다. 이어 정조가 하교하였다.

"우리 선대왕의 운장(雲章)·보묵(寶墨)은 모두 다 소자를 가르쳐 주신 책이니, 존신(尊信) 경근(敬謹)하는 바가 어찌 보통 간찰에 비할 것이겠는가? 의당 전각을 세워서 송조의 공경히 받드는 제도를 따라야 할 것이다. 그러나 열조(烈祖)의 어제·어필(御筆)에서 미처 존각에 받들지 못한 것을 송조에서 각 왕조마다 전각을 달리하는 것과 같게 할 필요가 없으니 한 전각에 함께 봉안하게 되면 실로 경비를 덜고 번거로움을 없애는 방도가 될 것이다. 아! 너 유사(有司)는 창덕궁의 북원에 터를 잡아 설계하라."

그리고 집을 세우는 것이나 단청을 하는 것을 힘써 검약함을 따르라고 명하였는데, 3월에 시작한 것이 9월에 와서 준공되었다. 지금 창덕궁 북원에 남아 있는 주합루(宙合樓)가 그것이다.

규장각은 처음에 어제각으로 일컫다가 뒤에 숙종 때의 편액 글씨에 따라 규장각이라고 이름하였다. 위는 다락이고 아래는 툇마루였다. 그 뒤에 정조의 어진(御眞)·어제·어필·보책(寶冊)·인장을 봉안하였는데, 그 편액은 숙종의 글씨였으며, 또 주합루의 편액을 남쪽 처마에 게시하였는데, 곧 정조의 글씨였다. 정남에는 열고관인데 상하 2층이고, 북쪽으로 꺾여 개유와라는 서고를 만들어 중국본 도서와 문적을 간직하였다. 정서쪽에는 이안각인데 어진·어제·어필을 옮겨 포쇄하는 곳으로 삼았으며, 서북쪽에는 서고(西庫)인데 조선의 도서와 문적을 간직하였다.

정조는 이조 당상과 홍문관 관원을 불러

"우리나라의 모든 일은 모두 송나라 제도를 모방하였는데 열성조

이안각(서향각) | 역대 임금의 영정과 글씨를 옮겨 포쇄하던 곳.

의 어제는 아직 봉안할 곳이 없었다. 이에 후원에 규장각을 세우고 이미 어제를 봉안하였으니 관장하는 관원이 없을 수 없다. 우리나라의 제학은 곧 송나라의 학사이고, 직제학은 곧 송나라의 직학사이다. 또 당하에 직각·대교를 둔 것은 송나라의 직각과 대제(待制)를 모방한 것이니 실시한 것에 근거가 있고 변통에 모두 편의를 얻었는데, 경 등은 그 편부를 진달하라.”

하니, 모두 말하기를

“이 거조는 전모(前謨)를 넓혀 문교를 진작시킬 것이니, 전각이 있으면 관원을 두어 전수(典守)하는 것은 그만둘 수 없는 것입니다.”

하였다. 정조가 옥당에 명하여 『송사(宋史)』의 관제를 상고하여 아뢰게 하고 하교하기를,

"열성조의 어제 수만 권을 전각을 세워 간직하는 것은 곧 송조(宋朝)의 용도(龍圖) 등 여러 전각의 의의를 취한 것이다. 내가 만든 바에도 또한 편차(編次)의 관원이 없을 수 없으니, 이는 새로 창설한 관제가 아니라 곧 선조(先朝)에서 편차하던 사람이다."

하였다. 그리고 송나라 제도를 모방하고 조정 관직의 이름을 참고하여 이조로 하여금 의망해 차출하게 한 후, 황경원·이복원을 규장각 제학으로, 홍국영·유언호를 규장각 직제학으로 삼았다. 이들에게는 궁궐에서 기른 말을 타도록 하는 은전을 베풀었다.

정조가 명하였다.

"교외에 가마를 타고 나갈 때 승지에게 말을 주는 것이 이미 정식으로 되어 있는데, 옛날 규례에 별군직에도 또한 동가(動駕) 때에 내구(內廏)에서 말을 주었는데 더구나 예로 높여야 할 곳이겠는가? 이 뒤로는 성 안이나 성 밖으로 동가할 때에 규장각 제학·직제학·직각·대교 등 관원은 비록 본직의 반열에 있더라도 내구마(內廏馬)를 타도록 허락한다."

규장각 각신들에게 왕의 행차시에 대궐에서 기르는 말을 타도록 허락한 것은 파격적인 조치였다. 규장각의 역할은 역대 제왕들의 어제·어필을 봉안하고 고금의 서적을 수집·편찬하는 것이었지만, 내면적으로는 정조의 정치를 보좌할 인재 양성과 정보의 생성과 정책 연구에 주목적이 있었다. 한마디로 규장각은 세종 때의 집현전에 비견되는 정조 개혁 정치의 본산이었다.

18 서얼의 등용

정조가 즉위하자마자 송나라의 규제와 어제의 봉안을 구실로 규장각을 설치한 것은 그가 세손 때부터 품어온 정치적 필요성 때문이었다. 정조는 영조 때에 확인할 수 있었던 왕실과 외척의 결합이라는 정치적 관행을 철저하게 타파하고자 했다. 그는 신임옥사의 와중에서 목숨을 위협받으며 즉위했던 할아버지 영조가 척신들의 손에서 벗어나기 위해 얼마나 힘겨워 했는가를 목도하였다. 사실 영조가 피눈물을 머금고 아들인 세자를 죽인 것도 궁극적으로 노론 외척의 손에서 살아남기 위한 고육지책이었다. 세자가 죽은 후, 영조가 친히 '죽은 아들을 생각하고 슬퍼한다.'는 뜻의 '사도(思悼)'라는 시호를 내린 것은 영조의 말 못할 아픔을 대변한다.

뿐만 아니라, 정조는 자신의 생부인 사도세자가 뒤주에서 굶어죽을 때 자신의 외조부인 좌의정 홍봉한이 이를 극력으로 만류하지 않는 것을 보고는 인정의 무상함을 깨달았다. 외척의 정치적 야망 앞에서는 종실의 안위도, 인척으로서의 인정도 아무런 소용이 없다는 점을 직시하였다. 그리고 자신이 대리청정을 하지 못하도록 흉계를 꾸민 고모 화완옹주의 아들 정후겸과 외종조부인 홍인한 세력을 보면

정조 초상 | 조선 후기의 문화 중흥을 이룬 왕으로 평가된다.

서 반드시 외척들을 물리칠 수 있도록 자신의 후원세력을 가져야 함을 절감하였다.

정조가 즉위하자마자, 그 옛날 사도세자를 죽이기 위해서 영조에게 뒤주를 갖다 바친 자가 정조의 외조부인 홍봉한이며, 따라서 홍봉한과 함께 정조의 등극을 방해한 정후겸 등을 처단해야 한다는 상소가 빗발쳤다. 정조는 이들이 지친이라는 이유를 들어 홍봉한의 처단에 관대한 모습을 보였지만, 속으로는 이들의 압박에서 자유로울 수 있는 왕권 강화에 대한 꿈을 키워 나갔다.

정조는 외척에 대항할 만한 대안 세력으로 절의와 청론을 지닌 사대부들을 주목하였다. 그들은 범연한 사대부가 아니라 학식과 덕망, 그리고 가문의 품격을 겸비한 엘리트층이었다. 여기에는 노론 준론 인사들도 포함되어 있었지만, 그동안 권력에서 소외되어 온 남인 세력의 준절한 젊은 지식인들이나 서얼 출신의 문사들도 망라되어 있었다. 정조는 개혁 논리에 입각해 청수한 인재들을 규합하고 이들을 친왕적 인물로 키워 내고자 하였다.

규장각의 각신들이 대체로 이러한 인물들이었으며, 정조 3년 (1779)에는 규장각 검서관직을 신설하여 박제가를 비롯한 네 명의 서얼 출신들을 포진시켰다. 이를 위해 정조는 서얼들의 관계 진출을 합법화하는 「서류소통절목(庶類疏通節目)」을 1777년 3월 21일(정해)에 미리 반포하였다.

정조는 그 사전 정비 작업으로서 1777년 1월 10일(정축) 하교를 통해서 인재의 등용에는 어떤 제한도 있어서는 안 된다는 점을 공식적으로 표명하였다.

"조정의 진신(縉紳)들이 반드시 모두 어진 것은 아니고, 초야의 인물들이 반드시 모두 어리석은 것은 아니다. 풍속을 권장하며 돈후하게 하는 것은 인주(人主)의 아름다운 법이다. 예조의 신하로 하여금 의정부에 나아가 가장 나은 사람을 뽑아 구별하여 계문(啓聞)해서 격려 권면하는 방도로 삼게 하라."

그리고 두어 달 뒤인 3월 21일, 인재를 고루 등용하라는 정조의 지시는 「서류소통절목」으로 결실을 보았다. 정조가 양전(兩銓, 이조와 병조)에 명하여 서류들을 소통시킬 방도를 강구하여 절목을 마련토록 하였는데, 이날 이조에서 절목을 올린 것이다.

정조는 말하였다.

"아! 필부가 원통함을 품어도 천화(天和)를 손상시키기에 충분한 것인데 더구나 허다한 서류들의 숫자가 몇 억 정도뿐만이 아니니, 그 사이에 뛰어난 재주를 지닌 선비로서 나라에 쓰임이 될 만한 사람이 어찌 없겠는가? 그런데도 전조(銓曹)에서 이미 통청한 시종(侍從)으로 대하지 않았고, 또 봉상시나 교서관에 두지 않았으므로 진퇴가 모두 곤란하고 침체를 소통시킬 길이 없으니, 바짝 마르고 누렇게 뜬 얼굴로 나란히 죽고 말 것이다."

정조는 계속해서 말을 이었다.

"아! 저 서류들도 나의 신자(臣子)인데, 그들로 하여금 제자리를 얻지 못하게 하고 또한 그들의 포부도 펴 보지 못하게 한다면 이는 또한 과인의 허물인 것이다. 양전의 신하들로 하여금 대신에게 나아가 의논하여 소통시킬 수 있는 방법과 권장 발탁할 수 있는 방법을 특별히 강구하게 하라. 그리하여 문관은 아무 벼슬에 이를 수 있고, 음관은 아무 벼슬에 이를 수 있으며, 무관은 아무 벼슬에 이를 수 있도록 그 계제를 작정하여 등위를 보존할 수 있게 절목을 상세히 마련하여 벼슬길을 넓히도록 하라."

서얼들을 모든 관직에 소통시키라는 정조의 명을 받고 이조에서 올린 절목의 내용은 대강 다음과 같았다. (1) 요직을 허통시키는 것은 문관의 참상(參上, 종6품)인 것으로 호조·형조·공조를 말한다. (2) 문관·무관의 당하관(堂下官, 정3품)은 부사를 상한선으로 한정하고, 당상관(堂上官, 정3품)은 목사로 한정한다. 음관의 생원·진사 출신은 군수를 허락하며, 그 가운데 치적이 있는 자는 부사를 허락한다. (3) 문신의 분관(分館)은 운각〔芸閣, 교서관(校書館)〕으로 한정하는데 직강 이하의 자리는 아울러 구애받지 않는다. 무신으로서 도총부와 훈련원 부정(副正)은 거론하는 것이 부당하지만, 중추부는 구애받지 않는다. (4) 오위장(五衛將)은 문관·무관·음관의 당상은 아울러 구애받지 않으며, 무신으로서 우후(虞侯)를 지낸 사람은 같은 예로 대우한다.

한편, 이조에서는 이와 함께 다음과 같은 특별 조항을 두기도 하였다. (1) 조선은 문벌을 숭상하고 있으므로 같은 서류라도 그의 본종(本宗)의 가세에 따라 차등을 둔다. (2) 서얼이 벼슬길에 나온 뒤 적손의 무리가 잔약하게 되어 명분을 괴란시키는 죄를 저지를 경우에는 서얼이 적자를 능멸한 율로 다스린다. (3) 외방의 향임인 경우 수임(首任) 이외 여러 직임은 감당할 만한 사람을 가려서 참용시킬 것을 허락한다. 만일 무지하여 분수를 범한 무리들이 이를 빙자하여 야료를 부리는 폐단이 발생할 경우에는 해도에서 드러나는 대로 엄중한 법으로 용서 없이 다스린다.

이와 같이 정조의 명으로, 비록 제한적이기는 하지만 서얼들의 요직 진출이 정식으로 정비되기에 이르렀다. 그렇지만, 특별 조항에서 살펴볼 수 있는 바와 같이, 서얼들이 만일 적서의 분수를 어길 경우에는 가차 없이 해당 율에 따라 죄를 물을 것이라는 점이 거듭 천명되고 있었다.

19 바뀌지 않는 인습

이조의 절목에서 드러나는 바와 같이, 조선은 문벌을 중시하는 사회라는 정치인들의 자부심은 실로 대단하였다. 이것은 실제로 정조의 서얼소통 정책이 많은 난관에 부딪힐 것이라는 점을 예고하였다. 그럼에도 불구하고 정조는 서얼들에 대해서 끊임없는 애정을 늦추지 않았다. 정조의 할아버지인 영조도 후궁 소생이었으므로 영조와 정조는 특히 서얼에 대한 동정심이 많았다. 특히 정조는 자신의 우군으로 장안에 이름난 서얼들을 궁궐 안으로 불러들일 요량이었다. 그들이 바로 이덕무 · 유득공 · 박제가 · 서리수, 즉 규장각 4검서였다.

1779년(정조 3) 3월 30일(갑인)에 정조는 다시 '인재를 양성하고 교화를 이룩하는 방도에 깊은 관계가 있다.'는 명분을 내세워 서류들의 좌차(坐次) 문제를 언급하였다. 이 문제는 영조 때로 거슬러 올라간다.

1773년 정월 26일, 태학(성균관) 서치(序齒, 나이의 순서대로 자리에 앉는 것)와 향안 통록(고을 사족들의 명부를 기록한 문서에 이름을 올리는 일)을 간청하는 영남 서얼 유생들의 상소에 영조가 다음과 같이 비

성균관 | 조선시대 최고의 유학 교육기관.

답을 내렸다.

"서얼은 이미 조정의 동서반직에 통청되었으니 향촌의 향안에도 마땅히 통록되어야 한다."

그리고 이튿날 영조는 성균관에서 서치를 실시하도록 하였다. 이때부터 서얼들은 성균관에서도 나이 순서대로 앉게 되었다. 그러나 시간이 지나면서 영조의 엄명도 유야무야되고 말았다. 이를 정조가 다시 거론한 것이다.

"서류들에게 나이 순서로 좌차를 정하는 한 가지 일을 조정에까지 올려 왔으므로 지난번 현관(賢關, 성균관)으로 하여금 품처하게 하였으나 명백하게 구분 짓는 말이 없어 따르기에 곤란한 점이 있다. 이것은 조정의 관작과는 크게 다른 점이 있고, 이 일은 사론(士論)에 관계된 것이므로 임하(林下)의 여러 유신들이 반드시 상량한 것이 있을 것이니, 그 현관으로 하여금 유현들과 널리 의논하여 확고하게 결정함으로써 적지 않은 서류들로 하여금 원한을 머금어 화기(和氣)를 간범하는 탄식을 면하게 하라."

조선시대에는 특별한 관직자 몇몇을 예외규정으로 하면, 당시 사족의 전체 서열은 나이의 다소로 결정되었다. 그러나 실제로 서얼들은 사족층으로 인정받지 못하였으므로 향약 등과 같은 모임에서 나이 순서로 앉지 못하고, 따로 서얼이나 비사족끼리 서열을 정해야만 했다. 요컨대 정조가 서얼들의 좌차 문제를 언급한 것은 단순한 자리 배열의 문제가 아니라, 양반가의 서얼들을 사족으로 정식 인정해 줄 것을 요구한 것이었다. 그러나 수백 년 몸에 익어 온 양반들의 문벌의식이 어찌 국왕의 말 한마디로 고쳐질 수 있었겠는가?

서얼을 요직에 소통시키는 조치가 내려졌다고는 하지만, 사회적 관습상 서얼은 쉽게 인간적인 대접을 받지 못하는 존재였다. 규장각 4검서가 조정에 들어온 지 한참 뒤인 1791년(정조 15) 3월 18일 국왕 정조는 이덕무를 불러 현재 서얼로서 겪고 있는 소견을 말해 보라 하였다. 이덕무가 말하였다.

"일명(一名, 서얼)이 사람[人類]의 서열에 끼지 못하는 것은 참으로 천하의 가장 원통한 일입니다."

정조가 말하였다.

"나 역시 마음 가운데 측은한 생각을 품은 지 오래 되었다. 선조 (先祖, 영조)께서 (서얼에게) 대직(臺職, 사헌부직)을 허통한 것은 참으로 성덕에서 나온 일인데, 세상에서는 그들을 청환 현직(淸宦顯職)으로 대우하지 않고 〔가(假)를 붙여〕 가장령(假掌令)·가지평(假持平)이라고 하니, 습속이 굳어져 고치기가 어렵게 되었다."

정조가 또 물었다.

"서얼의 현직(顯職) 진출이 막히는 것은 대개 무슨 일로 연유된 것인가?"

이덕무가 대답하기를,

"난신(亂臣) 정도전이 서얼이기 때문에 서선(徐選)이 서얼 자손에게는 현직을 허락하지 말자고 건의하여 법전에까지 실었으며, 또 간신 유자광(서얼 출신)이 사림을 일망타진하자, 이로써 〔방색(防塞)의〕 구실로 삼았다고 일러 옵니다."

하였다. 왕이 말하기를,

"일명(一名)이 아니고서도 난역(亂逆)과 권간(權姦)이 된 자가 얼마인지 알 수 없는데 하필 도전과 자광 두 사람만이 난신과 간신이 되었을 뿐이냐? 하물며 이로 인하여 〔방색(防塞)의〕 구실로 삼아 무죄한 허다한 일명의 자자손손들까지도 폐쇄하여 마치 거기에 연좌한 것 같이 되었으니, 이 어찌 억울하고 원통한 일이 아니겠는가? 그리고 방색한 후로 사대부가에서는 비록 서자가 있어도 반드시 남의 아들을 세워 후사를 삼고, 예조에서는 (이를 알면서) 적·첩간(嫡妾間)에 모두 아들이 없다고 하여 이를 허락해 주니, 이것이 법전〔『경국대전』에 '적·첩 간에 모두 아들이 없는 자는 관가에 고해서 동종(同宗)의 지자(支子)를 후사로 삼을 것'이라 함〕을 위배하고 자기를 속이고 임금을 속이는 것이 아니냐?"

하니 이덕무가 대답하되,

"성교(聖敎)가 지당하십니다. 고래로 명인(名人) 중에 (자기의) 서자가 있으면 (그로 하여금) 적통을 잇게 하는 사람이 왕왕 있었사옵니다."

하였다. 정조는 자신이 내린 서얼소통의 지시에도 불구하고 서얼들이 실력에 맞게 대우받지 못하는 현실이 안타까울 뿐이었다.

20 규장각 관원에 준 특혜

1781년(정조 5) 홍국영이 역모로 추방된 후 규장각도 대대적인 정비를 통해 그 기능이 확충되기에 이르렀다. '규장각'이라는 숙종의 어필 현판이 부착된 것도 이때였다. 규장각은 제학 2명 · 부제학 2명 · 직각 1명 · 대교 1명 등 4개 직위에 정원은 6명이었다. 이들 6명이 규장각 각신(閣臣)이었다. 그 외에 우수한 서류 출신 학자들이 검서관으로 충원되었다.

각신은 학덕을 겸비한 일급 문신들로 정조가 가장 신임하는 인사들이었다. 따라서 각신으로 임명된다는 것은 대단히 영광스러운 일이었다. 각신에게는 많은 특권이 부여되었다. 우선 왕을 조석으로 대면할 수 있고, 소대 · 야대는 물론 경연에도 참가할 수 있었다. 특히 직각을 거치면 왕명 없이도 전랑에 추천될 수 있었다. 각신이 백관의 죄를 청할 수는 있어도 사헌부에서 왕의 허락 없이 각신의 죄를 청할 수는 없었다. 또한 형사상의 특혜도 주어져 공무 중에는 체포 · 구금되지 않았다.

각신은 왕의 가인(家人)과도 같은 우대를 받았다. 이에 규장각은 홍문관 · 승정원보다 왕과 더 밀착되어 있었고, 언론에서도 사헌부

'규장각학사지서' 현판 | '규장각은 교육과 학문을 담당하는 사람들의 부서'라는 뜻이다. 가로 236, 세로 81센티미터로 현재 서울대 규장각 전시실에 소장되어 있다.

·사간원을 능가했다. 각신에 대한 이러한 파격적인 대우는 관료 사회에 하나의 위화감을 낳기도 하였다. 1782년(정조 6) 5월 26일(임술)에 공조 참의 이택징이 정조의 규장각 각신에 대한 지나친 은전을 비판하는 상소를 올렸다.

"각신 가운데 취조를 받아야 할 사람을 영어(囹圄, 감옥)에 가두어 두지 않으며, 초계문신으로서 외방에 나가는 자에게는 역말을 타고 전주(傳廚, 전용 객사)를 사용하게 하고 있으니, 성의(聖意)께서 이 각(閣, 규장각)을 중히 여기고 이 신하를 대우하는 것이 어찌 끝이 있겠습니까? …… 만일 이런 것이 법규로 굳어져 뒤로 전하여 가게 되면, 이 규장각은 곧 전하의 사각(私閣)이 되는 것이요, 나라 안의 공공의 각이 아닌 것이며, 이 신하는 곧 전하의 사신(私臣)인 것이요,

조정에 있는 인신(隣臣)이 아닌 것입니다."

이에 대해 정조는 마뜩하지 않은 바가 있었지만, 노여움을 밖으로 드러내지는 않았다.

"진달한 여러 조항은 혹 그렇지 않은 것도 있기는 하지만, 유지(有旨)에 응하여 올린 상소이니, 의당 유념토록 하겠다. 그대는 사퇴하지 말고 직무를 수행토록 하라."

정조대를 통틀어 각신에 임명된 사람은 모두 38명이었다. 이 중에서 제학에 임명된 사람은 20명이고, 20명 가운데 채제공(남인)·이복원·이성원·서명응(이상 소론)을 제외하면 모두 노론이었다. 노론이 절대적인 우세를 보이고 있는 가운데 이를 다시 시파·벽파로 구분하면, 시파의 비중이 단연 압도적이었다. 그러므로 이택징의 발언은 시파 중심의 임용에 대한 벽파의 항변으로 해석될 수 있다. 실제로 정조 나름대로의 해명이 있었지만, 규장각이 노론 또는 시파 중심이었다는 것은 부정할 수 없다. 시파는 사도세자의 죽음에 동정적인 입장을 표명한 사람들이었으므로 정조의 우익이었던 것이다.

그러나 각신들에게는 당색을 초월한 공통점이 있었다. 그것은 의리 문제에 대해 논의가 준절하며, 당론을 고수하면서도 탕평에 반대하지 않는 청류라는 점이었다. 정조는 규장각의 설치·운영을 통해 척신의 타도, 군신 명분의 강화, 개혁의 추진, 탕평의 실현을 위한 친위 세력을 확보하고자 했고, 이는 실제로 정조의 왕권 강화로 이어졌다. 이 점에서 규장각의 정치적 의미는 대단히 컸다. 명실상부하게 규장각은 의리탕평의 본산이며 왕권 강화의 중심이었다고 할 수 있다.

규장각은 어제·어서를 봉안하고 서적을 수집·편찬하는 고유 업무 외에 초계문신(抄啓文臣)의 육성이라는 중요한 기능을 담당했다. 37세 미만의 문과 급제자를 대상으로 실시된 초계문신제는 연소 문신의 재교육에 주안점을 둔 제도였다. 형태상으로는 종전의 사가독서제와 매우 유사했지만, 그 이면에는 개혁 지향적인 친위 세력을 양성하려는 정조의 의도가 투영되어 있었다. 이 점에서 초계문신제는 단순한 교육제도가 아니라 새로운 정치 세력을 양성하는 제도였다.

초계문신제는 1781년(정조 5) 2월 18일(신유)에 내각(규장각)에서 올린 「초계문신 강제절목(講製節目)」을 기반으로 운영의 틀이 마련되었다. 그 내용은 대략 다음과 같았다.

(1) 강제(講製) 인원은 반드시 문신으로서 승문원(承文院)에 분관된 사람들 가운데 참상이나 참외를 막론하고 정부에서 상의하여 37세 이하로 한하여 초계(抄啓)한다. 강제 시험관은 매달 초하룻날 내각에서 제학·직제학의 시임·원임 및 일찍이 직각·대교를 지내고서 이미 자급이 승급된 사람 중 두 명을 갖추어 낙점을 받는다. (2) 강

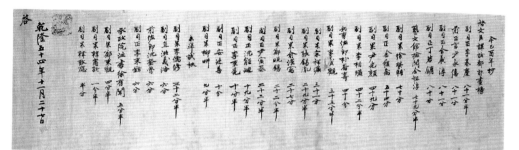

서는 『대학』, 『논어』, 『맹자』, 『중용』, 『시전』, 『서전』, 『주역』으로 순
서를 정하여 돌려가면서 익힌다. 경서의 강론을 끝낸 뒤에 비로소
『사기』를 강한다. (3) 시강(試講)은 매달 열흘 전·보름 후의 2차에
걸쳐 행한다. 전적으로 문의(文義)를 위주로 하여 국초 성균관에서
강설하던 예와 같게 하되, 요점을 반복하여 질문하게 하여 뜻을 통
투(通透)해서 관철하는 것을 기약한다. (4) 강원(講員)은 반드시 매달
응강(應講)한 뒤 시관이 질문한 것과 응강한 사람이 해석한 말을 다
음날 차록(箚錄)하여 책으로 만든다. 1통을 정서해서 내각으로 보내
면 내각에서는 즉시 입계(入啓)한다. (5) 시강·시제(試製)를 막론하
고 잇따라 3차 으뜸을 차지한 자는 참하(參下, 정7품)면 승륙(陞六)하
고 참상(參上, 종6품)이면 6품 이상에 승서(陞敍)하며, 이미 승서된 자
는 준직(準職, 정3품 당하관)하고, 이미 준직에 있는 사람은 비로소 가
자(加資, 정3품 당상관 승진)한다.

　　정조대를 통틀어 초계문신에 선발된 사람은 모두 138명이었다.
이들의 절반이 청요직에 올랐고, 각신에 임명된 사람도 18명이나 되었다. 정조 후반기에 이르면 공경대부의 대부분이 초계문신 출신이라 해도 과언이 아니었다. 이 시기 대표적인 실학자인 정약용·서유구도 초계문신제를 통해 성장한 인재들이었다.

초계문신제에서 주목할 부분은 남인과 북인이 많이 포함되어 있었다는 점이다. 138명 가운데 남인·북인 계열로 확인되는 사람은 한치응·홍의호·정약용·유태좌 등 모두 30여 명이었다. 이는 규장각의 제학에 남인으로서는 채제공이 유일하게 임명된 사실과는 매우 대조적인 현상이었다.[54] 아무튼 규장각과 초계문신제도는 정조의 우익을 양성하는 중요한 매개였다.

---

54 이성무, 『조선시대 당쟁사』 2, 동방미디어, 2000, 249쪽.

22 규장각 검서관

　　박제가를 비롯한 그의 서얼 동료들이 맡고 있던 검서관직도 정조의 중요한 우익이었다. 검서관은 비록 7품 이하의 하급 관직이었지만, 매우 중요한 업무를 담당하였다.

　검서관은 왕이 어용(御容, 선왕들의 영정)을 삼가 살펴볼 때와 절일(節日 : 한 철의 명절)에 거둥할 때 성 밖으로의 호가(扈駕, 임금의 수레를 보호하여 따라가는 것)와 연회의 활쏘기에 참석하였다. 그리고 표전(임금께 올리는 글)을 짓고 서적을 햇볕에 말리는 일과 어제·일력(日曆)·『일성록(日省錄)』 및 명령하는 문자로서 내각(內閣, 규장각)에서 나오는 것 모두를 손질하고 정서하며 교정하는 임무를 맡았다.

　이와 같이 검서관은 그 맡은 일이 중하였을 뿐만 아니라, 사실상 임금의 일거수일투족을 기록하는 사관의 임무까지 띠고 있었다. 검서관 중의 한 사람인 이덕무는 다음과 같이 기록하였다.

　"문신들이 매월 강할 때마다 임금이 직접 물은 것과 진강하는 여러 신하들이 서로 변난한 것을 즉시 옆에서 붓을 잡고 기록하며 물러와 그 책의 끝에다가 서명하고는 조심하여 보관해 두게 하였다. 이 때문에 임금을 가까이 모시고 앞자리에서 주선할 수 있었다."

검서관들이 누린 이와 같은 홍복을 이덕무는 매우 감사하게 생각
하였다.

"아, 우리 검서관 네 사람은 보잘것없는 천한 사람으로 태평성대
를 만나 이 책임을 맨 먼저 맡아서 바쁘게 근무한 지가 지금 7년이
되었으니 어찌 행복한 사람이 아니겠는가! 비록 문장을 짓고 글씨를
쓰느라 근력이 다하고 도서(圖書)에 정신이 다한다 하더라도 감히 사
양할 수가 없다." [55]

규장각 4검서는 비록 사회적으로 천대를 받던 서얼 출신이었지
만, 이들에 대한 정조의 애정은 남달랐다. 1779년 9월 25일, 이덕무
·유득공·박제가·서리수가 검서관 생활을 하기 시작한 첫 가을에
임금인 정조가 친히 규장각에 거둥하였다.

정조는 먼저 규장각의 부속 건물인 불운정(拂雲亭)에서 활쏘기 대
회인 연사례(燕射禮)를 설행하였다. 불운정 주변은 대나무가 빽빽하
게 들어차 있어 왕을 시위할 공간이 부족했으므로 모든 사람들이 계
단 위에 자리를 잡고 앉았다. 그리고 궁중의 악단이 계단 앞에서 연
주를 담당하였다. 열고루(閱古樓) 옆에다가 웅후(熊帿, 곰의 머리를 그
린 과녁의 표적) 아홉 개를 설치했는데, 열고루는 규장각의 서책을 보
관하는 곳이었다.

처음에 계단에 앉을 때, 임금인 정조와 검서관들 사이에는 의장대
가 자리하고 있었다. 그렇지만 곧 정조가 명하여 검서관들을 가까이

55 이덕무, 『청장관전서』 권20, 『간본아정유고』 권3, 「기(記)」, 검서청기(檢書廳記) ; 『국역
청장관전서』 IV, 민족문화추진회, 98~99쪽.

오도록 하고 또 그들에게 먹을 것을 하사하며 그 내용물을 살펴보도록 하였다. 쟁반은 붉은 칠을 한 둥근 모양이었고 음식을 담은 그릇은 열다섯 개였다. 말린 물고기를 넣고 끓인 국이었는데, 물고기의 향내가 나고 정갈하면서도 사치스럽지 않은 음식이었다. 여러 신하들이 모두 편하게 앉아서 임금과 함께 음식을 들었다. 엄한 궁중의 법도라기보다는 집안에서 어른을 모시고 식사를 하는 것과 같은 그런 모습이었다.

정오가 되어 활쏘기의 반이 끝났다. 임금이 규장각 정전(正殿)에서 술을 하사하였다. 안주로는 과일과 떡 등이 나왔다. 저녁이 되자 임금을 모시고 활쏘기를 하던 자들이 모두 물러났다. 오직 규장각 각신들과 승지(비서관)와 선전관(경호원) 등이 규장각 안에 촛불을 밝히고 시열(侍列)하였다. 이어 저녁식사가 베풀어졌다.

정조가 말하였다.

"모름지기 검서관 등은 사람마다 각각 식탁을 하나씩 주도록 하라."

임금이 이렇게 분부한 것은 대개 아침에 반찬이 부족하여 당상 선전관 이하는 한 식탁에 모여 음식을 먹었기 때문이었다. 아침에 부족했던 것을 저녁식사에서만큼은 양껏 먹도록 한 배려였다.

그런데 박제가 등은 이때에 몸에 이가 있는 기미가 느껴졌으므로 사실 마음속으로 임금을 모시고 같이 식사를 하는 것 자체가 두려웠다. 그럼에도 불구하고 정조는 친히 술과 음식은 물론 자잘한 것에 이르기까지 신경을 써서 말을 붙여 주었다. 검서관들은 정조의 배려에 서로를 돌아보고 감읍할 뿐이었다. 그리고 송구스러워 손발을 둘

곳을 미처 알지 못하였다.

　휘리리릭 타오르는 촛불 그림자 아래로 모든 신하들이 엎드려 있었다. 이윽고 식사를 담은 작은 탁자들이 사람들 앞에 놓였다. 국가 의식을 담당하는 부서인 통례원(通禮院)의 정5품 벼슬아치인 찬의(贊儀)가 의주(儀注) 낭독을 마치자 비로소 여러 신하들이 마치 의식을 치르듯 경건하게 식사를 하기 시작했다. 이때 임금이 악단을 돌아보며 음악을 연주하라고 지시하였다.

　"이것은 천재일시(千載一時), 곧 천 년에 한 번 있을까 말까 한 일이 아닌가? 음악이 빠져서야 재미가 없지. 허허허."

　정조의 말에 모든 신하들이 "성은이 망극하옵니다."를 외쳤다. 어

떤 신하는 일어나서 임금의 덕을 찬양하기도 하였다.

　정조는 식사를 하면서 민간의 일에까지 화제를 옮기며 끊임없이 말을 이어 나갔다. 그러던 중 정조는 좌승지 정민시(鄭民始)에게 명하였다.

　"그대들도 이 흥겨운 자리에 동참하라. 고가요(古歌謠) 같은 시를 지어 바침이 가할 게야."

　그러자 박제가가 자리에서 벌떡 일어났다. 그리고 승지에게 물었다.

　"가요라 함은 『시경(詩經)』에 들어 있는 정악(正樂)인 아(雅)와 송(頌) 같은 것을 말하는 것입니까?"

　승지는 박제가의 질문에 그렇다고 대답했다. 이에 박제가를 비롯

「박초정한양성시전도가」| 1792년 4월 정조는 대궐 안의 여러 신하들에게 명하여 당시 성안을 그린 「성시전도」를 보고 시를 지어 바치게 했다. 박제가도 시를 지어 당시 도성 안 풍경과 사람들의 생활상을 자세히 묘사하였다.
"그대는 한양의 궁궐이 하늘 높이 솟아 있는 것을 보지 못했나 / 중층으로 쌓은 성이 사십 리를 둘렀네 / 왼쪽에는 종묘, 오른쪽에는 사직단을 높이 세우고 / 뒤에는 산들이 둘러 있고 앞에는 한강수가 돌아든다 / 하늘과 땅이 남쪽으로 넓은 벌판을 열어 놓았고 / 우리의 선왕이 이곳을 새롭게 개척하셨네"로 시작하고 있다.

한 이덕무·유득공·서리수가 각각 부(賦) 1편씩을 지어 다음날 아침 규장각 청사인 이문원(摛文院)에 제출하였다.[56]

한편, 검서관들은 이날 규장각을 주제로 한 시도 지어 바쳤다. 규장각 팔경시(八景詩)였다. 정조는 일일이 그것을 읽어 보고 각신을 불러 주사(朱砂)로 비점을 주었다. 이덕무의 시를 제일에 두고, 그들을 앞으로 나오라고 명하여 좋은 이야기와 함께 상을 차등 있게 주었다. 검서관들은 한결같이 속으로 생각하였다.

"만약 지금의 임금이 아니었다면 우리와 같이 미천한 신하가 어떻게 이런 성은을 입을 수 있겠는가?"

이날 검서관들이 지은 규장각 팔경시는 다음과 같다.

「봉모당(奉謨堂)의 은하수〔雲漢〕」

방대한 왕가의 문헌 후손에 전하니

성한 덕 천추에 잊을 수 없겠네

성조(聖祖)와 신손(神孫)이 심법으로 주고받아

천지의 도를 따른 법도가 남아 있네

아름다운 은하수의 빛 언제나 밝게 비추고

왕성한 기운 뜻 깊은 말씀에 길이 머물렀네

구름 가에 높은 집 우뚝 솟았으니

황성[57]의 옛일을 조정에서 본받은 것이네

---

56 박제가, 『정유각집』 2집, 「시(詩)」, 규장각연사례일응령(奎章閣燕射禮日應令).

57 황성(皇宬, 황실 서고): 명나라의 장서각인 황사성(皇史宬)을 말한다. 이 서고는 명나라 궁중에 있었으며, 실록과 비전(祕典)을 간직하였다.

「서향각(書香閣)의 연꽃과 달」

동글동글 연잎에 달빛은 가없는데

서향각 산들바람에 깊은 밤이 서늘하네

달빛 공중에 가득하니 궁중에 통하였고

연꽃 물 위에 덮여 천향이 흩어지네

금초반[58]의 영롱한 빛 곱기도 한데

백수준[59]엔 넘치는 술 출렁이네

임금 마음 연락(宴樂)만을 생각함이 아니요

주 문왕의 영대 영소[60] 사모함일세

「규장각에서 선비를 시험하다」

새로 지은 규장각 높고 높은데

허다한 좋은 문장 이미 보았네

길사들이 모여드니 역복[61]을 생각하고

영재가 진작되니 청아[62]를 읊네

---

58 금초반(金貂班): 귀한 신하와 시종을 말한다.
59 백수준(白獸尊): 뚜껑에 백호(白虎)를 그린 술잔이다. 정월 초하룻날에 이 술잔을 대궐
   뜰에 놓아 두고 곧은 말을 하는 자가 있으면 이 잔으로 술을 마시게 하였으니, 말하는
   자로 하여금 용기를 갖게 하고자 한 것이다.
60 영대(靈臺)·영소(靈沼): 『시경』「대아(大雅)」'영대(靈臺)'편에 "문왕이 영대를 짓는
   데 백성들이 일을 도와 하루도 못되어 완성했으며, 왕이 영소를 지으니 아름다운 물고
   기가 뛰논다." 하였는데, 맹자는 이를 찬양하여 "문왕이 백성의 힘을 빌려 대를 짓고
   못을 팠으나, 백성들은 그의 덕화에 젖어 도리어 즐거워했다." 하였다.
61 역복(棫樸): 더부룩한 나무로서 『시경』「대아」의 편명이다. 이 시에 "더부룩한 나무가
   있으면 땔감이 될 것이고, 훌륭한 선비가 있으면 문왕(文王)을 도와 나랏일을 한다."
   하였다. 현재(賢才)가 많음을 비유한 것이다.

한나라는 현량책⁶³을 시행하였고

당나라는 때로 박학과⁶⁴를 열었네

난봉(鸞鳳)의 풍채 갖춘 사람 그 누구인가

요사이 밝은 조정에서 예로 맞아들이네

「불운정(拂雲亭)에서의 활쏘기」

질서 있게 무리지어 오르내릴 때

북소리 울려 퍼지고 비단 깃발 나부끼네

푸른 전나무에 구름 개니 표적의 빛깔 뚜렷하고

금잔디 깨끗하니 과녁도 번뜩이네

총명은 이미 순임금 신하에 경계한 것 살폈고⁶⁵

다투면서 생각할 건 공자가 말씀하신 위의일세⁶⁶

---

62 청아(菁莪): 무성한 쑥으로서 『시경』 「소아(小雅)」 '청청자아(菁菁者莪)'의 편명을 줄인
말이다. 이 시는 인재를 교육하는 것을 읊은 것이다.

63 한(漢) 문제(文帝)가 조서(詔書)하여 현량(賢良)·방정(方正)·문학(文學)·재력(材力)
의 4과를 두고, 재주 있는 선비를 들어서 차서를 따르지 않고 등용했다. 『한서(漢書)』
「문제기(文帝紀)」.

64 당나라 개원(開元) 19년에 학식이 많고 글 잘하는 사람을 시험보는 박학굉사과(博學宏
詞科)를 두었다. 『당서(唐書)』 「육지전(陸贄傳)」.

65 『서경』 「우서(虞書)」 '익직(益稷)'에 순(舜)이 말하기를, "완악하고 참소하여 나라의 법
을 따르지 않는 사람이 있으면 과녁을 베풀고 활쏘기를 하여 밝혀낸다." 하였는데, 그
주에 "이는 활쏘기로써 덕행을 볼 수 있기 때문에 나쁜 사람을 가려낸다는 말이다." 하
였다. 순의 신하인 우(禹)는 이 말을 듣고 경계하여 "옳은 말씀입니다. 그러나 임금께
서 덕으로 온 천하를 밝히면 만방 백성들이 모두 임금의 신하가 되려고 할 것입니다."
하였다.

66 『논어』 「팔일(八佾)」에 "군자가 다투는 일이 없지만, 활쏘기에서는 재주를 다툰다. 읍
(揖)하고 사양하면서 오르내리고 맞추지 못한 사람은 아래로 내려가서 벌주를 마시니,
그 다투는 것이 군자다." 하였다.

좋은 시대 문덕을 닦아 과녁 뚫는 것 숭상치 않으니[67]
마음 평탄하고 몸 곧음이 활 잡는 바른 자세일세

「개유와(皆有窩)의 매화와 눈」
누대에서 바라보니 끝없이 흰데
매화는 구슬 같고 눈은 은일세
궐문에 빛 움직이니 불야성이요
대궐 처마에 향기 도니 봄소식 먼저 왔는가
좋은 인재 얻어 재상의 일 맡겼고
선비들도 따뜻한 덕화 입었네
기다리노니 꽃피는 새봄의 비와 이슬이
모든 생물 모든 사람에게 뻗어갔으면

「농훈각(弄薰閣)의 단풍과 국화」
가을 풍경 소슬한데 갠 경치 더욱 맑고
궁중의 단풍과 국화 전각 추녀에 비추네
서리 내리는 계절에 가장 빛나서
수풀이나 못가를 점점이 물들이네
표미[68]의 사이에는 국화꽃 또렷또렷

---

67 『논어』「팔일」에 "활쏘기에 과녁 뚫는 것을 중시하지 않는 것은 힘이 같지 않기 때문이
니 이것이 옛날의 도다." 하였는데, 그 주에 "활쏘기란 덕을 보는 것이므로 맞추는 것
을 중시하고 과녁 뚫는 것을 중시하지 않는다. 이는 사람의 힘이 강약이 있기 때문이
다." 하였다.

용틀임한 돌계단에 단풍잎 충충이 고와라
글 잘하는 신하 비추부[69]를 짓지 않는데
법주를 하사하니 기색이 돋워지네

「희우정(喜雨亭)의 봄빛」
높직한 봉각에 상서 구름 덮이니
사람들은 요순시대에 사는 듯
번성한 군생들 조화의 덕택에 젖고
소생하는 만물에 화창한 바람 불어주네
새해가 창륙에 돌아오니 상서 빛 퍼지고
봄이 청구(靑丘)에 이르니 맑은 기운 어리었네
꽃피는 궁성에 기름 같은 비 흡족하니
만년지 위에 꽃이 먼저 붉었네

「관풍각(觀風閣)의 추사(秋事)」
관풍각 아래 논이 넓은데
왕업은 먼저 농사의 어려움을 알아야 하네
우공편은 향안에 두어 읽고
빈풍도로 병풍을 만들어 보내
소나기 지나가니 농부의 노래 그치고

---

68 표미(豹尾): 천자의 행차 뒤에 따르는 속거(屬車)를 말한다.
69 비추부(悲秋賦): 전국시대 초(楚)나라 사람 송옥(宋玉)이 지은 「초사(楚辭)」 '구변(九辯)' 을 말한다. 송옥은 굴원의 제자로서 그 선생이 쫓겨남을 민망히 여겨 이 글을 지었다.

누른 곡식 가득하니 베는 소리 쉴 새 없네

인자하신 임금 마음 백성을 걱정하여

언제나 옥식 대해도 맛을 모르네[70]

70 이덕무, 『청장관전서』 권20, 『아정유고』 12, 「응지각체(應旨各體)」, 규장각팔경; 『국역
청장관전서』 IV, 민족문화추진회, 9~13쪽.

23 문(文)과 무(武)를 고루 갖추라

규장각은 정조가 왕위에 오르기 전부터 오랫동 안 마음에 품어온 혁신정치를 위한 기구로서 마련되었다. 그 규장각 의 중요한 실무자인 검서관직에 박제가와 같은 서자 출신을 임용한 것은 넓은 사회적 의의를 갖는 조치였다. 그것은 정조의 오랜 구상 이기도 하였다. 정치의 실권을 장악한 당시의 사대부들은 여전히 문 벌이나 따지고 신분의 차별을 중시했지만, 국왕인 정조는 이러한 폐 쇄성을 깨고 싶어 했다. 그리고 사대부들이 거의 공리공담 수준으로 전락시킨 주자유일주의에 의한 문약성도 극복하고자 했다.

정조는 문무쌍전의 정책 기조를 중시하였다.

"문(文)과 무(武)를 병용하는 것이 국운을 장구하게 하는 계책이 다."[71]

라고 한 것은 정국을 장악한 사림파들의 입장에서 볼 때 대단히 탐 탁하지 않은 정치관이었다. 그러나 정조는 보란 듯이 그동안 폄하돼 온 무예의 중요성을 강조하였다. 정조는 주자학의 체계화를 위해서

---

71 『홍재전서(弘齋全書)』권48, 「책문(策問)」1, 문무(文武).

도 노력하였지만, 다른 한편으로 이순신의 문집을 최초로 정부에서 간행토록 하는 등 전란의 위기에서 나라를 구한 무인의 활약상을 강조하였다. 『임충민공(임경업)실기(林忠愍公實記)』나 『김충장공(김덕령)유사(金忠壯公遺事)』와 같은 장수들의 전기도 이 시기에 정조의 명으로 편찬되었다.

"우리 열조(여러 임금들)로 하여금 중흥의 공을 이룰 수 있게 뒷받침한 것은 오직 충무공 한 사람의 힘이다."

정조는 이순신이 임진왜란 때에 조선의 꺼져 가는 운명을 구한 은인이라고 생각하였지만, 그가 거기에 합당한 대우를 받고 있지 못하다고 판단하였다. 이순신이 절체절명의 순간에 왜적들을 대파하자, 한숨을 돌리게 된 조정에서는 당쟁에 눈이 멀어 이순신을 잡아넣기 위해 날을 보내고 밤을 지새웠다. 이순신이 마지막 전투인 노량해전에서 전사하자, 당시 민간에서는 이순신이 전쟁에서 살아 돌아왔어도 당쟁의 화로 인해 목숨을 부지하지 못했을 것이라는 소문이 파다했다. 그래서 이순신은 마지막 전투를 기다려 일부러 자진함으로써 영원히 명예스러울 수 있는 길을 간 것이라는 얘기도 끊이지 않고 떠돌았다.

정조는 아산에 이순신의 신도비를 세워 주고, 의정부 영의정을 추증하였다. 이순신이 끼친 공적에 비하면 영의정이란 직책은 부끄러운 것이었다. 그나마 이미 죽은 자에게는 신하로서 오를 수 있는 최고의 직책을 추증받았다는 명예에 불과한 것이었지만, 진작에 행해졌어야 할 이러한 조치마저도 정조와 같은 임금이 등극하고 나서야 시행될 수 있었다. 정조는 그밖에도 고경명, 곽재우, 김면, 조헌 같이 임진왜란 때 활약한 의병장들의 신도비를 세워 그들의 충의를 되새겼다.

문무쌍전의 입장 추구는 정조가 그만큼 실질을 숭상하는 군주였다는 뜻이다. 정조는 그 자신이 활쏘기의 명수였을 뿐만 아니라, 신하들에게도 문무겸전할 것을 강조하였다. 정조는 활쏘기를 하면 50발 중에 49발을 모두 과녁에 맞히고, 한 발은 예의상 빗나가게 할 정도의 명궁이었다.

1777년(정조 1) 3월 12일(무인) 정조는 규장각에 나아가 무장들의 활쏘기 시험을 설행하였다. 이후 정조는 장신(將臣)들뿐만 아니라 규장각 신하들에게도 활쏘기를 시키고, 점수가 좋지 못한 자들은 따로 훈련시키기도 하였다. 정조는 문신들의 문약함을 당연한 것으로 받아들이지 않았다. 특히 애정을 갖고 키워내던 초계문신들에 대해서는 매우 엄혹한 태도로 단련시키고자 했다. 그중에서도 정조가 정약용을 괴롭힌 사실은 보는 이들에게는 해학적일 수 있었지만, 장차 새 세상을 열어갈 인재를 단련시키려는 정조의 의도를 엿볼 수 있기에 충분했다.

1791년(정조 15) 9월에 정조가 춘당대(春塘臺)에 나아가, 규장각 신하들에게 웅후(熊帿)를 10순(巡, 1순은 화살 5개)씩 쏘라고 명하였다. 정약용은 50발 중 네 발도 맞히지 못하였다. 활 쏘는 법에 따르면 벌주 한 잔에 해당되었지만, 정조는

"그대들에게 술을 준다면 상을 주는 것이다. 문장은 아름답게 꾸밀 줄 알면서 활을 쏠 줄 모르는 것은 문무를 갖춘 재목이 아니니, 의당 북영(北營)에 잡아놓고 하루에 20순씩 쏘아서 매 순마다 한 발

씩은 맞힌 뒤에야 풀어 주겠다."

하였다.

북영은 창덕궁 북쪽에 있던 훈련도감(訓鍊都監)의 분영이었다. 박
제가도「북영(北營)」이라는 시를 지어

"아름답게 치장한 담장 서쪽 경계에 활 쏘는 사람들이 무리를 이
루었네."[72]

라고 노래했을 정도로 당시 북영은 장졸들의 활쏘기 훈련장으로 유
명하였다.

그 무렵 박제가와 정약용은 둘 다 정조의 지우(知遇, 남의 인격이나
학식을 알아줌)를 받으며 나란히 규장각에서 근무하고 있었다. 나이
로는 박제가가 정약용보다 열세 살이 위였고, 정약용은 박제가의 시
를 '필화령무(筆花靈舞)'요 '시가혈맥(詩歌血脈)'이라고 극찬했을 정
도로 박제가의 시재(詩才)를 인정하였다.[73]

그리고 정약용이 종두법을 만들 때에는 박제가에게 도움받은 바
가 컸다. 예사롭지 않은 인연으로 한 시대를 풍미한 두 사람에게 있
어서 국왕 정조와의 만남은 인생 최대의 행운이었다. 정약용은 다음
과 같이 말한다.

사람으로 태어나 이 나라에 살면서 임금이 계신 궁궐에 들어가
빛나는 임금의 풍채를 가까이 접할 수 있다면, 비록 물을 뿌리고

---

72 박제가, 『정유각집』 초집(初集), 「시」 북영(北營).
73 정약용, 『여유당전서』 제1집 권18, 「서(書)」, 답박차수제가(答朴次修齊家).

비질하는 일을 할지라도 오히려 광영스러운 일인데, 더구나 내고(內庫)에 비장되어 있는 책과 규장각의 보배로운 문적을 열어 보고 문필(文筆)에 종사하게 된 것이야 말할 나위가 있겠는가.

또 여기에서 일을 하게 되면 비록 이익이나 봉록이 더 늘어남이 없다고 할지라도 오히려 영광스러운 것인데, 더구나 앞에는 팔진미(八珍味)를 벌여 놓게 하시고, 뒤에는 오제(五齊, 다섯 종류의 술)를 갖추어 옥소반에 진기한 음식을 날마다 내려 주심에랴.

정조 20년(1796) 겨울에 정약용·이익진(李翼晉, 승지)·박제가가 임금의 부름을 받고 규영부(奎瀛府, 규장각)에 들어가 『사기(史記)』를 교정하였다. 임금께서는 내고에 소장되어 있는 『사기』의 여러 본을 모두 내다가 서로 이동(異同)이 있는 곳마다 여러 본에서 가려 뽑아 좋은 것을 취하라고 명하였다. 이에 문장으로 말미암아 주(注)를 찾고, 주로 말미암아 백가(百家)의 서적을 찾아 하나라도 고증할 만한 것이 있으면 내고에 있는 책을 내오기를 감히 청하였다. 이 때문에 내고에 비장되어 있는 책을 열에 하나둘 정도는 넘겨다 볼 수 있었다.

저녁밥이 집에서 오면 어떤 때는 각감(閣監)이 들러서 말하기를 "오늘 저녁은 배불리 들지 마시오."라고 했는데, 그날 밤에는 반드시 임금께서 진귀한 음식을 하사하셔서 배불리 먹었으니, 그 영광됨이 매우 특별하지 않은가. 아아, 『사기』를 교정하는 것은 책을 위한 것이 아니다. 내고에 여러 본이 갖추어져 있는데, 무엇에 쓰려고 교정을 하겠는가? 『사기』를 교정하는 것은 나라를 위하는 것도 아니다. 자획이나 편방(偏旁)이 설령 잘못되어 있다고 하더라도 나라에는 아무 해로운 것이 없는데, 무엇에 쓰려고 교정을 하겠는가? 『사기』를 교정하는 것은 신(臣)들의 공부를 위해서였다.[74]

활쏘기를 못해 정조의 엄명을 받은 정약용과 낙제생들은 북영으로 갔다. 정약용이 그 반열의 으뜸이었다. 그들의 활 쏘는 모습은 그야말로 가관이었다. 처음에는 활이 망가지고 화살은 굽었으며, 깍지〔결(決), 활을 쏠 때 오른손 엄지손가락에 끼우는 기구〕는 떨어져 나가고 팔찌〔습(拾), 활을 쏠 때 왼팔 소매를 걷어 매는 띠〕는 질질 끌렸다. 손가락은 부르트고 팔뚝은 부었으며, 말 타는 솜씨도 서툴러서 보는 사람이 크게 웃지 않는 자가 없었다.

그러나 며칠이 지나자 정약용의 활시위를 당기는 솜씨가 점점 능란해져서, 1순을 쏘면 세 발을 맞히는 때가 많았다. 정조는 그 맞히는 숫자를 보고 하루에 10순씩만 쏘고, 그 여가에 경전의 뜻을 연구하라고 하였다. 그리고 『시경』에 관한 문제 8백여 조목을 내리면서 조목별로 답을 써서 올리라고 명하였다. 정약용은 열흘쯤 지나자 활솜씨가 더욱 늘었고, 마침내 풀려나게 되었다.

정약용은 천재로서 당세에 그 문명(文名)을 떨쳤지만, 문약함을 못마땅하게 여긴 정조의 '배려'로 잊지 못할 고역을 치른 것이다. 그렇지만 이 일이 있은 후 정약용은 오히려 국왕에게 감사하는 마음을 다음과 같이 피력하였다.

---

74 정약용, 『여유당전서』 제1집 권14, 「기(記)」, 규영부교서기(奎瀛府校書記): 정약용 저, 박석무 · 정해렴 편역, 『다산문학선집』, 현대실학사, 1996, 112쪽.

옛날은 육예(六藝)[75]가 갖추어지지 않으면 유자(儒者)라고 이름 붙일 수 없기 때문에 연회 때는 반드시 활쏘기를 하였으니, 삼련(參連)[76]과 백시(白矢)[77] 같은 것도 그들이 대부분 익혔던 것이다. 후세에는 문무의 도가 나뉘었으며, 우리나라 풍속 또한 문을 귀히 여기고 무를 천하게 여기기 때문에 어려서부터 지필(紙筆)을 익혀 먹을 다루고 편지 글이나 쓰는 말기(末技)에서 벗어나지 못하며 평생 동안 활을 잡아 보지도 못하고 늙는 자가 있다. 지금 우리 몇 사람들은 다행히 성인(聖人)의 세상에 태어났으니 그것만으로도 다행한 일인데, 성인의 문하에서 노닐며 궁시(弓矢)에 종사하게 되어, 거칠게나마 활의 좌우를 당기고 놓음을 구별할 줄 알게 되었으니, 이른바 천고(千古)에 한 번 만나는 행운이 아닌가. 그런데 그 활쏘기 연습은 열흘에 지나지 않았다. 사람들이 3백60일 가운데 36분의 1을 할애하여 스스로 활 쏘는 기예를 익히지 못하고 임금의 가르침을 기다린 뒤에야 비로소 힘써서 하였으니, 이것은 또한 우리들의 죄인 것이다.[78]

정조는 즉위 초부터 군사의 일에 대하여 각별히 신경을 썼다. 1777년(정조 1) 2월 1일(정유)에 시독관 이재학(李在學) 등과 당나라

---

75 선비로서 배워야 할 여섯 가지 일. 예(禮)·악(樂)·사(射)·어(御)·서(書)·수(數).
76 오사(五射)의 하나로, 앞에 화살 하나를 쏘고 뒤에 계속해서 화살 셋을 쏘는 것.
77 오사의 하나로, 화살이 과녁에 꽂혔을 때 그 화살촉이 얼마나 관통했나를 보는 것.『주례(周禮)』「지관(地官)」, 保氏 五射注.
78 정약용,『다산시문집(茶山詩文集)』권14,「기(記)」, 북영벌사기(北營罰射記).

군대의 연패에 대해서 논하면서 정조는 군사를 부리는 자신의 철학을 피력하였다.

이날의 야대(夜對)에서 정조가 물었다.

"당나라 때에 군대를 거느리는 신하 가운데 적격자가 없었던 것이 아니었는데 싸우기만 하면 패배하였으니, 그 이유가 무엇인가?"

검토관 이유경(李儒慶)이 말하기를,

"당초 군무에 대해서는 생각도 하지 않은 소인배가 일을 도모하였기 때문에 군대를 출동시킬 때마다 공이 없는 탄식이 있게 된 것입니다."

정조가 말하였다.

"아무리 소인이 일을 도모했다 하더라도 3년 동안의 전쟁에서 어떻게 한 사람도 공을 이룬 사람이 없을 수 있겠는가? 이는 반드시 그렇게 된 이유가 있는 것이니, 세 가지 폐단 때문이다. 임금이 사람을 기용하는 방도는 반드시 먼저 신중히 가려야 하고 임용한 뒤에는 또 의심하지 않은 연후에야 공효를 책임지울 수 있는 것이다. 그런데 장수를 내보낸 뒤에 환시(宦侍)로 하여금 군대를 감독하게 하여 동정을 엿보게 한 것이 첫 번째 폐단이다. 대궐 밖의 일은 장군이 주관한 연후에야 호령을 발하여 시행케 하는 즈음에 있어 절로 통솔됨이 있게 되는 것인데, 반드시 조정을 경유하게 했기 때문에 완급에 대응함에 있어서 매양 때에 뒤져 사세를 잃게 된 것이 두 번째 폐단이다. 곽자의(郭子儀)·이광필(李光弼)은 모두 명장인데도 위임하지 않았고 또 아홉 절도사로 하여금 일시에 출병하게 함으로써 서로 의심하게 만들고 명령이 여러 곳에서 나오게 된 것이 세 번째 폐단인 것이다.

이런데도 공효를 책임지울 수 있겠는가? 누차 싸웠어도 공을 세울 수 없었던 것은 진실로 이 때문인 것이다."

여기에는 작전 중인 무장에게는 재량의 자유를 주어야 한다는 정조의 철학이 담겨 있었다. 이것은 수백 년 간 문신들이 무신들을 압박해 온 조선 정치 현실에 대한 조소였다. 이런 뜻을 정조는 온고지신(溫故知新)이란 말로 강조하였다.

정조가 물었다.

"온고지신이란 무슨 말인가?"

이유경이 대답하길,

"옛 글을 익혀 새 글을 아는 것을 말합니다."

"그렇지 않다. 초학자는 그렇게 보는 수가 많은데, 대개 옛 글을 익히면 그 가운데서 새로운 맛을 알게 되어 자기가 몰랐던 것을 더욱 잘 알게 된다는 것을 말한다."

정당한 대우를 받지 못하는 장수들에게 재량의 자유를 주어야 한다는 정조 자신의 철학을 명심하라는 뜻이었다.

그해 6월 2일에 갑옷을 입은 장수는 국왕에게 절하지 않아도 된다고 한 하교를 어긴 이한응(李漢膺)이 추고를 당하는 사건이 발생하였다. 어가가 군사들이 진을 치고 있는 곳을 지나가자, 유진(留陣)대장이 엎드려 왕을 맞이했기 때문이다. 이에 정조가 하교하기를,

"갑옷을 입은 장수는 절하지 않는다는 뜻을 하교한 적이 있다. 행진(行陣, 군사 작전)은 이미 반열(조정에서의 위계질서)과는 다름이 있는 것인데, 금영(禁營) 진중(陣中)의 대장은 예의를 잃었으니, 해당 대장 이한응을 추고하라."

하였다.

　부대가 야외에서 작전 중일 때 그 진영을 운영하는 장수는 설사 왕이 행차하더라도 몸을 숙여 인사하지 말고 위엄을 갖추라는 주문은 상투적인 '예의범절'에 익숙한 관료들에게는 대단한 파격이 아닐 수 없었다. 이처럼 정조는 땅에 떨어진 무장들의 기를 살려 주려고 애썼다.

24 『무예도보통지』의 간행

　　　　문무쌍전을 이루어야만 나라가 부강하게 운영
될 수 있다고 생각한 정조는 그 실험을 박제가 등과 같은 규장각 검
서관들을 통해서 실현하려고 하였다. 1790년(정조 14) 정조의 명으
로 박제가가 이덕무 · 백동수 등과 더불어『무예도보통지(武藝圖譜通
志)』를 편찬한 것은, 정조가 강조하여 온 문무쌍전의 구현이었다.

　정조는 검서관 이덕무 · 박제가에게 명하여 장용영(壯勇營)에 사무
국을 설치하게 하였다. 여기에서『무예도보통지』에 대한 자료를 자
세히 상고하여 편찬하게 하는 동시에, 주해를 붙이고 모든 잘잘못에
대해서도 논단을 붙이게 하였다. 그리고 장용영 초관(哨官) 백동수에
게 명하여 기예를 살펴 시험해 본 뒤에 간행하는 일을 감독하게 하
였다.

　그 차례는 열성조가 군문을 설치하고 편찬한 병서와 궁중 후원에
서 시험을 거친『연경월위(年經月緯)』등을 널리 상고하여 사항에 따
라 순차로 배열한 뒤에「병기총서(兵技摠敍)」라는 명칭을 붙여 첫머
리에 싣고, 다음에는 명나라 척계광(戚繼光)과 모원의(茅元儀)의 약전
(略傳)인「척모사실(戚茅事實)」을 싣고, 다음은 한교(韓嶠)가 편찬한

『무예도보통지』 │ 서문에 보면 "우리나라 연병의 제도는 삼군은 교외에서 훈련하고, 위사는 금원(궁궐 안)에서 훈련하였다. 금원에서의 연병이 성행한 것은 세조 때부터이나 궁시(弓矢) 일기(一技)에 그쳤을 뿐이다"라고 쓰여 있다. 『무예도보통지』의 편찬은 활쏘기 위주의 단순 기예에서 탈피하려 한 것임을 잘 보여준다.

『무예도보통지』 편곤보(鞭棍譜) 일부

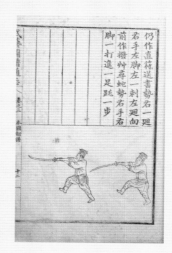

『무예도보통지』 본국검보

「기예질의(技藝質疑)」를 실었다. 이어 한교가 훈련도감에서 일한 경위를 그의 견해와 합쳐「질의」밑에 실었다.

다음에는 인용한 서목을 넣었고, 다음에는 24가지 기예에 대한 해설과 유래와 그림이 있고, 다음에는 모자와 복장에 대한 그림과 설명을 붙였다. 또 각 군영의 기예를 익히는 것이 같지 않기 때문에 고이표(考異表)를 만들어 그 끝에 붙이고 또 언해 1권이 있어서 책은 모두 5책인데 어제서(御製序)를 권두에 붙였다.

『무예도보통지』의 의미는 그동안 사도세자에 의해서 정비된 18반 무예를 정조대에 와서 24반 무예로 정립한 것에서 찾을 수 있다. 부자가 조선의 무예를 본격적으로 정비하였으니, 그 씩씩한 기상은 부전자전이랄까? 그렇지만 사도세자가 그 포부도 펴지 못하고 정쟁의 희생양으로 요절하고 말았으니 안타까울 뿐이다.

1749년 열다섯 살의 나이로 대리청정을 시작했던 사도세자는 1762년까지 10년 넘게 국정을 담당하였다. 누구보다도 영민하고 기상이 출중했던 사도세자는 어느 누구도 운용하지 못하던 효종의 청룡도와 철주로 된 큰 곤봉을 열대여섯 살 때부터 들어 사용하였다. 나라를 문약에 빠뜨리고 왕권을 능멸하는 것이 바로 노론 일당이라는 점을 간파하였던 사도세자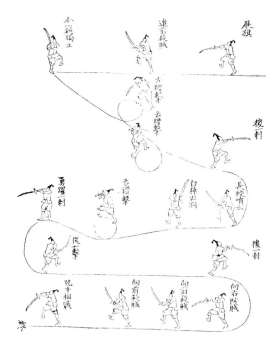
는 우선 조선의 문약을 극복하
기 위해 민간에서 명맥을 유지
해 오던 창검무예를 발굴하고
정리하여 군영에 보급하였다.
민간에서 명맥을 유지해 오던
무예를 세자가 나서서 발굴하
고 정리한 것은 조선 개국 이
래 처음 있는 일이었다. 그러
나 결국 사도세자는 노론 외척
의 마수에 걸려 비참한 최후를
맞고 말았다.

　『무예도보통지』에 실린 곤봉·등패·낭선·장창·당파·쌍수도
등 여섯 가지 기예는 척계광의 『기효신서(紀效新書)』에 나오는데, 선
조 때 훈련도감 낭청 한교에게 명하여 조선에 출정한 중국 장수들에
게 두루 물어 찬보(撰譜)를 만들어 출간하였다. 여기에 1759년(영조
35) 대리청정을 하던 사도세자의 명으로 죽장창·기창·예도·왜검
·교전·월협도·쌍검·제독검·본국검·권법·편·곤 등 12가지
기예를 더 넣어 도해로 엮어 새로 『신보(新譜, 무예신보)』를 만들었다.

　『무예신보』는 당시 훈련도감의 장교로 재직하고 있던 임수웅이
편찬 책임을 맡았다. 임수웅은 김광택의 뒤를 잇는 창검무예의 일인
자로 손꼽히는 인물이었다. 『무예신보』가 완성되자, 사도세자는 이
를 훈련도감에 배포하여 교본으로 삼게 했다.

정조가 즉위하여 여기에 기창·마상월도·마상쌍검·마상편곤 등 4가지 기예를 더 넣고 또 격구·마상재를 덧붙여 모두 24가지 기예를 정립하였다. 이는 사실 가난한 시절 서로를 위로하며 꿈을 키웠던 서얼 출신의 세 친구 박제가·이덕무·백동수의 노력이 있었기에 가능한 일이었다. 1791년(정조 15)에 박제가는 이덕무, 유득공과 함께 『국조병사(國朝兵事)』를 편찬하기도 하였다.

25 「병오소회」와 닫힌 사회

　　　　　정조의 검서관들에 대한 사랑은 극진하였다. 정
조는 누구보다도 박제가를 아끼고 알아주었다. 박제가에 대한 서
적·의복·식품·약환 등의 내사(內賜)는 빈번하여 그 사랑은 각신
에 못지않았다. 정조는 박제가를 견줄 자가 없는 선비라는 뜻의 무
쌍사(無雙士)라 불렀다.[79] 그리고 박제가를 송나라의 개혁 정치가인
왕안석(王安石, 1021~1086)에 비한 일도 있었다.[80]

　박제가는 낙산쪽 어의동에 오랫동안 살고 있었는데, 마당에는 큰
반송(盤松)이 있었다. 정조는 어느 날 사도세자의 사당인 경모궁에 전
배하고 쓸쓸한 마음을 달랠 겸 박제가의 집에 들렀다. 그리고 그 소
나무를 보고서는 칭찬하여 어애송(御愛松)이라고 이름지어 주었다.[81]

　그리하여 어애송은 박제가 집의 큰 자랑이 되었다. 남공철을 위시
하여 많은 문인들이 시를 지어 찬미하였다. 박제가도 즐겨 이 소나
무를 시재로 삼았다.[82]

79　박제가, 『정유각집』 5집, 「시」, 차주자복거시운(次朱子卜居詩韻).
80　박제가, 『정유각집』 5집, 「시」, 이원(利原).
81　유본예, 『한경식략(漢京識略)』 권2, 「각동(各洞)」, 어의동(於義洞).

정조의 사랑 밑에서 박제가는 서얼 출신으로서는 과분하다 싶을 만큼 관로에서 승승장구하였다. 박제가는 정조 3년 6월에 외각검서로 임명되었다가 5년 정월에 내각검서가 되어 규장각 각신들의 사무처인 이문원(摛文院)에서 일을 보게 되었다. 왕에게 근시할 수 있는 특별대우를 받으면서 박제가는 1786년(정조 10) 8월 일단 검서관을 그만둘 때까지 이문원에서 근무하였다.

박제가는 정조의 지우를 입고 있다는 점을 활용하여 기회가 있을 때마다 자신의 경세관을 피력하고자 하였다. 1786년(정조 10) 병오년에 정조는 인정전에서 조참을 받으면서 대신과 시종(侍從) 신하는 직접, 나머지 관료들은 소회로 임금에게 글을 바치라는 명을 내렸다. 이것을 기회로 하여 박제가는 병오년 정월 22일 그동안 생각해왔던 시무책에 관해서 소회를 올렸다. 여기에서 박제가는

"현재 국가의 큰 폐단은 한마디로 가난입니다. 그렇다면 이 가난을 어떻게 구제하겠습니까? 중국과 통상하는 길밖에 없습니다."

라고 주장하였다. 중국과의 통상을 통해서 배와 수레, 가옥, 집기와 이기(利器)에 관해 중국인들로부터 배울 수가 있을 뿐만이 아니라, 천하의 도서를 국내로 들여오게 할 수 있으므로 조선의 풍속에 얽매인 선비들의 편벽되고 꽉 막히고 고루하며 좁디좁은 견해가 굳이 깨트리려고 애쓰지 않아도 저절로 파괴될 것이라고 주장하였다.

박제가는 또 다음과 같이 말했다.

---

82 박제가,『정유각집』4집,「시」, 금릉학사위여찬시어애송장구일편(金陵學士爲余撰示御愛松章句一篇); 김용덕,「정유 박제가 연구: 제1부 박제가의 생애」,『중앙대논문집』5, 1961.

북경 관상대 │ 세계적으로 아주 오랜 역사를 지닌 천문대 중 하나. 명나라 때(1442년) 세워져 관성대로 불리다가, 청나라 때부터 관상대라 불렸다.

"중국의 흠천감에서 역서(曆書)를 만드는 서양 사람들은 모두 기하학에 밝고 이용후생의 학문과 기술에 정통하다고 들었습니다. 국가에서 관상감 한 부서의 비용으로 그 사람들을 초빙하여 관상감에 근무하게 하십시오."

당시로서는 파격적이라 하지 않을 수 없는, 박제가의 이른바 서사 초빙론(西士招聘論)이었다.

박제가는 또 중국 유학을 통한 인재 양성을 주장하였다.

"나라의 우수한 인재를 그들에게 보내 천문과 그 운행, 종율의기(鐘律儀器)의 도수를 비롯하여 농잠(農蠶)·의약·자연재해·기후의 이치를 공부하게 하고, 나아가 벽돌의 제조, 가옥과 성곽·교량의 건축, 구리와 옥의 채광, 유리를 굽는 방법, 수비용 화포를 설치하는 법, 관개하는 법, 수레를 통행시키고 배를 건조하는 방법, 벌목하고 바위를 운반하는 법, 무거운 것을 멀리 운반하는 방법을 학습하도록 조치하십시오. 그렇게 한다면 몇 년이 지나지 않아서 나라를 다스리는 데 알맞게 쓸 인재가 배출될 것입니다."

박제가는 당시 조선 사회의 권력 집단인 사족층을 향해서 직격탄을 날렸다.

"놀고먹는 자는 나라의 큰 좀벌레입니다. 놀고먹는 자가 갈수록 불어나는 이유는 사족이 날로 번성하는 데 있습니다."

박제가는 이들을 수륙의 교통요지에서 장사하고 무역하는 일에 종사시켜 생업을 즐기는 마음을 갖도록 유도하며, 그들이 가진 지나치게 강력한 권한을 축소시켜야 한다고 주장하였다. 박제가는 여기에서 더 나아가 서얼제도를 비롯한 조선 사회의 부당한 신분제도에 관해서도 일침을 가하였다.

"아버지를 아버지라 부르지 못하는 자가 있고, 형을 형이라 부르지 못하는 자가 있습니다. 또 사촌간의 친지를 종으로 부리는 자가 있고, 머리가 허옇고 검버섯이 돋은 노인이 머리 땋은 아이들의 아랫자리에 끼어 있는 경우도 있습니다. 할아버지나 아버지 항렬의 어른에게 절을 하기는커녕 손자뻘 조카뻘 되는 자가 어른을 꾸짖는 일도 있습니다. 그럼에도 불구하고 오히려 우쭐대며 천하를 야만족이라 무시하며 자기야말로 예의를 지켜 중화의 문화를 간직하고 있다고 자부합니다. 이것은 우리 풍속이 자기를 기만하는 행위입니다."

박제가는 『북학의』에서 했던 것과 마찬가지로 상업의 진흥을 주장하였다. 그가 볼 때 조선은 사치로 망하는 것이 아니라, 오히려 검소함으로 인해 쇠퇴하게 될 것이었다. 농업은 황폐해져 농사짓는 방법이 형편없고, 상업을 박대하므로 상업 자체가 실종되었다. 사 · 농 · 공 · 상 네 부류의 백성이 누구 할 것 없이 다 곤궁하게 살기 때문에 서로를 구제할 방도가 없었다.

"현재 대궐의 큰 뜰에서 국가의 의식을 거행할 때에 거적때기를 깔고 있습니다. 동서의 대궐에서 궁문을 지키고 있는 수비병은 무명옷을 입고, 새끼줄로 띠를 만들어 띠고 서 있습니다. 신은 정말 이를 부끄럽게 생각합니다."

박제가는 자신 있게 장담하였다.

"지금 신이 말씀드린 내용은 모두가 세상 사람이 해괴하다고 여길 일들뿐입니다. 그렇지만 이를 10년 동안 행한다면 온 나라의 세금을 감면할 수 있을 것이고, 만조백관의 녹봉을 증액할 수 있을 것입니다. 또 초가집과 거적때기를 친 대문이 붉은 다락에 화려한 문으로 바뀔 것이고, 도보로 걷고 물을 건너기를 걱정하는 자들이 가볍고 튼튼한 말이 끄는 수레를 탈 수가 있을 것입니다. 예전에는 나라의 안녕을 해치는 일이 이제는 나라에 상서로움을 불러들일 것이며, 예전에는 자기를 기만하고 스스로를 피폐케 하던 것이 씻은 듯 얼음 녹듯 풀릴 것입니다."

그리고 지금이야말로 조선이 환골탈태할 수 있는 절호의 기회임을 힘주어 말했다.

"만나기 어려운 것은 성스런 군주이고, 놓쳐서 안 될 것은 적절한 기회입니다. 현재 천하는 동으로는 일본으로부터, 서쪽으로는 서장(西藏, 티벳), 남쪽으로는 과왜(瓜哇, 자바섬), 북쪽으로는 할하(喀爾喀, 몽골)에 이르기까지 전쟁 먼지가 일지 않은 지 거의 2백 년입니다. 이것은 지난 역사에는 없었던 일입니다. 이런 천재일우의 기회에 온 힘을 다하여 우리의 국력을 쌓지 않는다면 다른 나라에 변고라도 발생할 때 더불어 우환이 발생할 것입니다. 그렇게 된다면 직책을 맡은 신하가 태평성대를 아름답게 꾸밀 겨를이 없을 것입니다. 신은 그것을 염려합니다."[83]

놀고먹는 사족층을 모두 상업에 종사시키고, 중국과 해외통상을 실행에 옮기고, 서양인 선교사를 초빙하여 과학기술 교육을 진흥시킬 것 등은 당시로서는 파격적인 주장이었다. 국왕인 정조조차 박제가를 송나라의 급진개혁파 왕안석과 같다고 평할 정도였으니, 고루한 문벌의식과 화이관에 사로잡혀 있던 조선의 사대부들이 이런 주장을 용납할 리 만무했다.

같은 날 대사헌 김이소(金履素)는 서양인[西土]의 초빙은커녕 연경에서 서학 서적은 물론 모든 서적을 구입하는 것을 엄금 중벌할 것을 주장하여 가납되었다.[84] 대사간 심풍지(沈豐之)는 한발 더 나아가

---

83 박제가, 『정유각집』 권3, 「전(傳)」, 병오정월이십이일조참시전설서별제박제가소회(丙午正月二十二日朝參時典設署別提朴齊家所懷): 박제가 지음, 안대회 옮김, 『궁핍한 날의 벗』, 태학사, 2000, 159~172쪽.
84 『승정원일기』 병오년 정월 22일조.

188 박제가와 젊은 그들

연경에서 사신 일행이 연경의 선비들과 필담을 주고받는 것 및 귀국 후의 문서 왕래를 금할 것을 주장하여 역시 받아들여졌다.[85] 정조가 실질을 숭상한 개방적인 군주였다는 점은 사실이지만, 두터운 수구 세력의 벽을 넘기에는 역부족이었다. 당시 조선은 사회적 기득권층 인 사족층을 정면으로 공박하는 박제가의 의론이 가납될 만큼 개방 적이고 합리적인 사회가 아니었다.

---

85 『승정원일기』 병오년 정월 22일조.

26 가슴아픈 날들

1790년(정조 14, 제가 41세)에 박제가는 진하사의 수행원으로 다시 청나라에 다녀왔다. 건륭제의 팔순절을 축하하기 위하여 정사 황인점, 부사 서호수 등을 수행하였다. 이때 함께한 규장각 동료 검서관은 유득공이었다. 제2차 연행은 5월 27일 사폐(辭陛)하여, 7월 15일 열하에 도착하고 다시 연경에 들어가 만리연

「연행도」(부분, 1760년)

(萬里宴)에 참석하였다. 이 때에는 거의 40여 일 간 머물다가 환국하였다.

9월에 압록강을 건너자 박제가에게 왕명이 당도하였다. 박제가는 3백 리를 기마로 달려 관복으로 갈아입지도 못한 채 여행자의 행색으로 부랴부랴 입대하였다. 정조는 위로의 말과 함께 그를 군기시정(軍器寺正)으로 승진시켜 다시 연경으로 가게 하였다. 원자(순조) 탄생에 대한 건륭제의 정중한 축하의 인사에 답하고자 박제가를 특별히 발탁하여 별자(別咨)를 가지고 동지사행을 뒤따라 합류하게 한 것이다.[86]

이때 정사는 김기성(金箕性)이었다. 그는 사도세자의 사위로 정조에게는 매제이기도 했다. 정조는 각별히 신경을 써서 그에게 연행의 기회를 제공하고, 막 귀국한 박제가를 이 사행에 다시 합류시킨 것이다. 일개 검서관을 군기시정(정3품)으로 임명하여 별자를 가지고 다시 연경으로 가게 한다는 것은 특례적인 대우였다. 평소 정조가 얼마나 박제가를 사랑하고 신뢰하였는가를 보여준다.

국왕의 지우를 받고 자신이 맡은 일에 신명을 다해 일하던 박제가에게 불현듯 불행이 찾아왔다. 1792년(정조 16) 8월 24일 박제가는 눈병 때문에 검서관직을 사직하지 않으면 안 되었다. 박제가는 검서관이라는 중책을 수행하느라 5년 전부터 왼쪽 눈이 보이지 않았다. 안경을 써도 소용이 없었고, 밤잠을 설치기 일쑤였다. 검서관직을 그만두기 직전에는 점차 오른쪽 눈도 어두워져 책을 보는 것이 사실

---

86 『정조실록』 권31, 정조 14년 10월 24일.

상 불가능하게 되었다. 충분한 휴식과 안정이 필요했다. 박제가가
서유구(徐有榘, 1764~1845)에게 쓴 편지에서 그의 고단한 삶이 묻어
나온다.

불행히도 5년 전부터 연달아 밤을 지새웠더니 왼쪽 눈이 어두워
져 보이지 않게 되었다. 안경도 효과가 없었다. 갖고 있는 것은 오
직 한쪽 눈뿐이었다. 수개월 전부터는 어둠의 꽃이 또 피기 시작했
다. 내각의 일(검서관의 임무)은 글을 베껴 쓰고 교정하는 일이 많
다. 두 가지 다 전적으로 눈에 의지하는 일이다. 어제(御製)며, 『일
성록(日省錄)』이며, 임금의 분부에 이르기까지 날마다 산더미처럼
일거리가 쌓였다. 또 모든 일이 일한(日限)과 시한(時限)이 있고, 또
시시때때로 뜻하지 않게 요구되는 의외의 일이 있어서 힘이 들어도
하소연할 데가 없는 직책이다. 뜻하지 않게 발생하고 중첩되어 쏟
아지는 업무이지만, 몸을 나눌 수도 없고 사람을 추천할 수도 없다.
열 푼의 눈으로 한 푼의 직분에 이바지한다면 오히려 일을 완전하
게 처리하지 못할까 두려울 테지만, 한 푼의 눈으로 열 푼의 일을
감당하려 하니 그 모양새가 어떻겠는가? 이처럼 힘이 든 직무라면
그 직무는 반드시 그만두어야 한다. 직무를 그만두었는데 그 지위
에 앉아 있다면 책임이 장차 누구에게 돌아가겠는가? 이 때문에 걱
정하고 두려워하는 것이다. 바라건대 사직하여 시록(尸祿, 시위소찬
(尸位素餐)의 준말로, 벼슬자리에 있어 그 직책을 다하지 못하고 녹만 타
먹는 사람)의 죄를 면했으면 좋겠다. 지금 검서관의 용도는 눈에 있
는데 눈이 어두우면 물러나는 것이 본래 합당할 것이다.[87]

박제가가 다시 검서관으로 복귀하는 것은 1794년(정조 18) 1월 8일이다. 『내각일기(內閣日記)』에 따르면 박제가가 검서관으로 재임한 기간은 1차로 1779년(정조 3) 6월 1일부터 1786년(정조 10) 6월 26일까지, 2차로 1789년(정조 13) 1월 12일부터 1792년(정조 16) 8월 24일까지, 3차로 1794년(정조 18) 1월 8일부터 1795년(정조 19) 2월 12일까지였다.

검서관에서 물러난 박제가는 1792년에 외직 부여현감에 임명되었다. 그에게 치민의 도를 직접 실험할 수 있는 기회가 제공된 것이다. 정조는 박제가뿐만이 아니라 이덕무와 유득공, 그리고 백동수를 차례로 지방관에 임명하였다. 아마도 그들에게 그동안 갈고닦아 온 경세론을 직접 시험해 볼 수 있는 기회를 제공한 것이리라. 미천하기 그지없는 서얼들에게 연행의 기회를 주고, 또 지방관으로서의 기회를 제공한 정조는 분명 이제까지와는 다른 정치적 실험을 하고 있었던 것이 틀림없다.

그러나 박제가는 곧 현감직에서 파면당했다. 호서 암행어사 이조원(李肇源)이 복명하고 서계를 올리자 정조가 편전에서 지방관들을 불러들였다. 이때 이조의 판서와 참판이 결원이어서 서정수(徐鼎修)를 참판으로 삼고, 아울러 비변사와 이조·병조의 당상들을 불러들여 자리에 나와서 품처하게 하였다.

공주판관 이종휘, 결성현감 박상춘, 부여현감 박제가, 덕산현감 김직휴, 해미현감 신계문, 비인현감 임장원은 모두 정사를 잘못하였

---

87 박제가, 『정유각집』 권4, 「서」, 여서내한유구(與徐內翰有榘).

다 하여 차등 있게 감죄하고, 신창현감 정문재는 바로 그 고을에 정배하였다. 그것은 진휼의 죽이 묽었기 때문이라는 이유였다.[88] 즉, 불쌍한 백성들에게 배급해 주는 죽을 묽게 쑤었다는 것인데, 이는 아마도 당시 당로자들이 박제가를 곤경에 빠뜨리기 위해 내세운 구실이었던 듯하다.

7월 6일 의금부에서는 곤장 백 대와 고신(告身, 관리 임명장인 직첩)의 추탈과 3천 리 정배를 계청하였다. 그러나 정조는

"다른 관료에 대해서는 너그럽게 처리하고 세력이 없는 서류에게만 가혹하게 법을 적용하여 막중한 어제문자(御製文字)의 정리에 공훈이 있는 박제가에게 가혹한 죄를 줄 수 없다."

하면서 의금부의 계청을 묵살하였다. 결국 박제가의 고신을 빼앗고 방송(放送)하는 선에서 마무리하였다.[89]

그런 와중에 박제가에게 감당할 수 없는 슬픔이 찾아왔다. 1792년 9월 20일 부인 덕수 이씨가 서울 집에서 죽고 그로부터 4개월 뒤인 1793년 정월 25일에 이덕무가 세상을 떠난 것이다. 조강지처를 잃은 슬픔을 미처 달래기도 전에 절친했던 이덕무가 세상을 떠났다. 둘 사이를 잘 알고 있던 박지원은 이덕무를 잃은 박제가를 다음과 같이 묘사하였다.

그가 이미 조강지처의 상을 당하고 또 무관(懋官, 이덕무) 같은

---

88 『정조실록』 권37, 정조 17년 5월 27일.
89 『일성록』 정조 17년 7월 6일.

좋은 벗을 여의어 아득한 이 세상에 외로운 신세가 되었구나. 천지 사이의 궁민(窮民)이라 할 수 있다. 아! 슬프다.[90]

박지원은 박제가의 이러한 '절현지비(絶絃之悲)'를 상처(喪妻)의 슬픔보다 더 큰 것으로 생각하여, "입이 있으나 뉘와 더불어 맛을 느낄 것이며, 코가 있으나 뉘와 함께 냄새를 맡을 것이며, 마음이 있으나 장차 뉘와 함께 나의 지혜와 영각(靈覺)을 같이할 것이냐?"고 박제가의 슬픔을 대변하였다.

이 무렵 백탑파의 원중거, 이홍상, 서상수 · 서유년 부자가 차례로 세상을 떠났고, 유득공도 찰방으로 나갔다. 박지원도 1791년 겨울에 안의현감으로 나가 있었다. 탑동엔 스산함이 감돌았다. 울적한 박제가는 쓸쓸한 마음을 위로받고자 경상도 안의현으로 박지원을 찾아갔다. 박지원이 불쌍한 박제가를 위해서, 어린 기생을 소실로 들이라고 권했다가 불발로 끝난 것은 이때의 일이었다.

---

90 박지원, 『연암집』 권10, 「서(書)」, 여인안의시(與人安義時).

27 농업 경세서를 올리다

　　1794년에 박제가는 춘당대 무과별시에 급제하여 오위장에 임명되었다. 정조가 문묘에 작헌례를 거행하고 돌아와서 춘당대에 거둥하여 문과와 무과의 시험을 보인 것이다. 이날의 시관(試官)은 채제공이었다. 문과에서는 김근순(金近淳) 등 6명을 뽑고 무과에서는 박제가 등 31명을 뽑아서 방을 붙였다.

　　1795년에 박제가는 경기도 영평현령으로 외직에 나갔다. 1798년(정조 22)에 정조는 국내 유생들에게 농책을 지어 올리라는 명령을 하달하였다. 이듬해인 1799년(정조 23)은 영조가 적전(籍田)[91]에서 친히 농사지은 지 회갑이 되는 해였으므로 중농(重農)의 뜻을 계승한다는 의미에서 농서(農書)를 구하는 윤음(綸音)을 내린 것이다.

　　박제가는 제1차 연행 직후에 서술한 『북학의』 내·외편에서 농사와 관련이 있는 몇 항목을 뽑아내고 여기에 새로이 농사에 관련된 몇 항목을 추가하여 왕에게 바쳤다. 총 27개 항목에 47개 조목의 진

---

91 임금이 몸소 농민을 두고 농사를 지어, 거두어들인 곡식으로 신에게 제사를 지내던 제전(祭田). 흥인문(興仁門, 동대문) 밖 전농동(田農洞)의 동적전(東籍田)과 개성의 서적전(西籍田)이 있었다.

상본(進上本) 『북학의』〔진소본(進疏本)〕였다. 이와 함께 「응지진북학의소(應旨進北學議疏)」를 지어 농업 진흥의 핵심을 따로 서술하였다.

박제가는 첫째, 유생을 도태시키자고 주장하였다. 이들은 농업에 종사하지 않을 뿐만 아니라, 모두 농민들을 머슴으로 부리는 자들이었다. 똑같은 백성이지만 부림을 받는 자와 부리는 자 사이에 강자와 약자의 형세가 형성되고 나면 농업은 날로 경시되고 과거는 날로 중시되게 마련이었다. 조금이라도 자신의 능력을 자신하는 자라면 모두 과거로 달려들고, 그렇게 되면 부득불 농사는 하등의 어리석은 자나 남에게 부림을 받는 머슴에게 맡겨질 뿐이라고 박제가는 주장하였다. 그는 한 걸음 더 나아가 유생이 농사에 해가 되는 정도가 아니라 실상은 농사를 가장 심각하게 망치는 자들이라고 규정하였다.

"이 (유생)무리들이 나라 인구의 과반수를 차지한 지가 백 년 정도가 되었습니다. 이제 날마다 불어나는 유생을 도태시키지 않고 도리어 날마다 힘을 잃어 가는 농부만을 책망하여 '어째서 너희들은 힘을 다 발휘하지 않느냐?'고 한다면 조정에서 날마다 천 가지 공문을 띄우고, 현의 관리들이 날마다 말로 권유해도 한 바가지의 물로 수레 가득한 땔감의 불을 끄는 격입니다. 아무리 노력한다고 해도 보탬이 되지 않습니다."

두 번째는 수레를 통용시키자는 것이었다.

"고 상신(相臣) 김육(金堉)은 평생의 고심이 오직 수레와 화폐의 사용 두 가지 시책에 있었습니다. 화폐를 시행할 때에 논의가 여러 갈래로 나뉘어 거의 중지될 뻔하다가 겨우 시행되었습니다. 신의 종고조(從高祖) 신 박수진(朴守眞)이 그 일을 실제로 주관하였습니다. 이제 만약 수레를 통행시킨다면 10년 안에 백성들이 수레를 좋아하는 정도가 화폐의 수준에 그치지 않을 것입니다. 농사는 비유하자면 물과 곡식이고, 수레는 비유하자면 혈맥입니다. 혈맥이 통하지 않으면 사람이 살지고 윤기가 흐를 이치가 없습니다. 『의서도인(醫書導引)』에 따르면, 약의 이름에 하거(河車)란 것이 있는데 바로 이러한 뜻을 담은 것이라 하겠습니다. 수레와 화폐는 모두 농사에 직접 관련되지는 않지만 농사에 도움을 주므로 나라를 경영하는 사람이 반드시 급선무로 삼아야 할 것입니다."

세 번째는 농기·농구의 제작을 중국에서 배워 농사 시험장을 설치하자는 것이었다.

"먼저 중국의 요양(遼陽)에서 각종의 농기구를 무역해다가 서울에 대장간을 개설하여 법식에 맞추어 농기구를 단련하여 만듭니다. 쇠가 생산되는 먼 고을에 관속을 파견하여 나누어 만들게 하여 이익을 거두게 함으로써 농기구 제조 방법을 확산시킵니다. 농사법을 시험할 땅은, 많고 적고를 가릴 것 없이 서울 근처에다 마련합니다. 적은 경우는 백 묘(畝), 많은 경우는 백 경(頃) 정도도 무방합니다. 따로 농사꾼 수십 명을 파견하여 비용을 후하게 대주고 전문가 한 명의 지휘를 따르게 합니다. 가을이 되어 수확할 때에는 한 해 농사의 잘잘못을 비교 분석합니다. 그러기를 한두 해 하면 반드시 효과를 보게 될 것입니다."

네 번째는 30만 섬의 쌀을 비축하자는 것이었다.

"신은 일찍이 선정신(先正臣) 이이(李珥)가 말한 십만 명의 군사를 미리 양성하자는 그 유지를 염두에 두어 경성(京城)에 30만 섬의 쌀을 비축함으로써 나라의 근본을 튼튼하게 하려는 계획을 세운 적이 있습니다. 그 대강을 말씀드리면, 선박을 개조하여 조운(漕運)을 강화하는 것, 수레를 통행시켜 육로의 수송을 강화하는 것, 둔전을 시행하여 농업 기술을 교육하는 것으로 요약할 수 있습니다. 생각해 보면, 경성의 민호 4, 5만이 먹을 식량과 만조백관 및 군사의 녹봉에 충당할 곡식은 모두 삼남에서 해운으로 공급되는 10만여 섬의 곡식에 기대고 있습니다. 사사로이 자기들이 먹기 위하여 저장해 놓는 것을 제외한다 해도 반드시 20만 명이 여러 달 동안 먹을 양식을 비축해야만 다급한 사태가 발생하더라도 지탱할 수가 있습니다."

왕이 내린 윤음에 의거하여 농업 경세서를 바치기는 하였으나, 박제가는 그것이 수용될 수 있으리라는 기대는 크게 하지 않았다. 당시 사회가 그것을 받아줄 만큼 개방적이지 않음을 그는 너무나 잘 알고 있었다. 다만, 누가 뭐라 해도 자신의 소신을 굽히지 않는 것이 선비의 자세라고 생각했다.

"신은 젊어서 연경에 여행을 한 이래로 중국의 일에 대하여 즐겨 말해 왔습니다. 우리나라 인사들은 오늘날의 중국은 과거의 중국이 아니라고 생각하면서 서로 모여서 비난하고 비웃기를 너무 심하게 합니다. 그런데 이제 제가 올린 진언(進言)은 전부터 저들이 비난하고 비웃는 한두 가지에서 벗어나지 않습니다. 또 다시 신이 망발을 하고 있다는 비난을 제가 나서서 자초하고 있습니다만 이것을 제외하고는 제가 드릴 말씀이 없습니다."[92]

---

92 박제가, 『정유각집』 권2, 「문」, 응지진북학의소(應旨進北學議疏): 박제가 지음, 안대회 옮김, 『궁핍한 날의 벗』, 태학사, 2000, 138~148쪽.

28 문체반정

　　　박제가의 우려는 괜한 것이 아니었다. 박제가의
북학론은 당벽(唐癖)으로 지목되어 일반의 반감을 사고 있었고, 수구
세력들은 정조의 주변에 포진해 있던 혁신적 지식인들에 대한 공세
를 본격적으로 취하기 시작하였다. 박제가는 이보다 훨씬 더 이전부
터 신기한 것을 추구하는 자로 손가락질 받고 있었다. 1771 · 2년 무
렵에 박제가가 한 살 위 처남 이몽직(李夢直)에게 보낸 편지에는 처남
에 대한 불만과 당부가 가득했다. 자신을 비난하는 자들에게 일일이
변명할 것 없이 차라리 아무 말도 하지 말아 달라는 것이었다.

　"족하가 친구가 있으면 반드시 저를 아껴서 그들보다 먼저 저를
자랑하고, 자랑하는 중에 또 걱정거리를 털어놓아 '이 사람이 신기
한 것을 좋아하여 이렇고 저렇고 하다네.' 라고 할 것입니다. 그렇게
되면 족하의 친구는 제가 신기한 것을 좋아하는 줄로 알게 됩니다.
그 친구는 또 자기의 친구에게 말할 것입니다. '아무개가 자기 매부
인 아무개의 이름을 거론하면서 신기한 것을 좋아한다고 걱정하였
다네.' 그러면 같이 앉아 있던 사람들이 다 맞장구를 치면서 '그래.
그가 한 말이 옳아. 신기함을 좋아하는 것은 이런 말세에 이로울 게

없지.'라고 말할 것입니다. 그렇다면 족하의 친구의 친구가 제가 신기함을 좋아하는 줄로 알게 되는 것입니다." [93]

이제까지와는 다른 정치철학을 표방한 국왕 정조가 차근차근 노론 벽파 세력에 맞설 준비를 해 나가자, 이에 대한 반발의 움직임이 가시화되기 시작했다. 1792년(정조 16) 11월 6일 부교리 이동직은 상소하여 정조의 우익인 남인 세력을 공격하였다. 채제공은 군주를 저버리고 역적을 비호하는 자로, 이가환은 이단사설의 죄가 있는 자로 비난하면서 성균관 대사성의 직에서 파면시키라고 주장하였다.

이 해의 문체반정 사건은 이 같은 분위기에서 전면에 등장하였다. 정조는 이가환의 문체에 대한 비난은 왕으로서도 동감하여 마지않는 바라고 하고 [94] 이를 기회로 남공철·김조순을 비롯한 노론 제문신, 그리고 패관소품체(稗官小品體, 소설 및 단문의 수필류 문체)를 구사한 박제가에게도 그 문체에 관한 자송문(自訟文)을 지어 바칠 것을 명하였다.

여기에는 문체를 구실로 노론에게 일정한 압박을 가해 수세에 몰린 남인을 보호하려는 정조의 용의주도한 의도가 깔려 있었다. 정조의 의도를 알고 있던 이덕무는 부여현감 박제가에게 부랴부랴 편지를 띄웠다. 박제가가 고집을 세워 자송문을 짓지 않을 것이 염려되었기 때문이다.

박제가는 1793년(정조 17) 정월 3일 내각 관문(關文)을 받고 자송

---

93 박제가, 『정유각집』 권4, 「서」, 답이몽직애(答李夢直哀); 박제가 지음, 안대회 옮김, 『궁핍한 날의 벗』, 태학사, 2000, 54쪽.
94 『정조실록』 권36, 정조 16년 11월 신축.

문 「비옥희음송(比屋希音頌)」을 올렸다. 그렇지만 박제가가 다시 검검 서관으로 편교(編校)의 일에 참여하였던 점은 문체반정 사건 자체가 보수세력들을 무마하기 위한 정국 돌파용으로서의 성격이 더 강했 던 것임을 보여준다.

정조는 노론 벽파의 보수적 견해를 의식하여 북학적 문풍과 서학 신앙에 대해 문체반정과 부정학론(扶正學論)으로 대처하였다. 하지만 정조 스스로도 외래문물 수용의 필요성을 절감하며 그 수용에 적극 성을 보이는 상황에서, 이 조치들은 다분히 임시방편적인 것이 될 수밖에 없었다.[95]

이제 정조의 개혁 정치는 일정한 한계에 부딪칠 수밖에 없었다. '부정학' 론과 '척사학' 론이 일치되지 못하고 괴리가 생길 만큼 사상 적 혼란은 깊이 진행되었다. 정조는 문체반정과 서학금단책에서 그 가 후원해서 키운 측근 학자들을 견책하는 자기모순에 빠져들게 되 었으며, 때때로 그들의 반성을 촉구하고 정학을 강요하는 가운데 반 발을 불러일으키고 갈등을 겪기도 하였다.

정조는 노론과 남인 양대 정치세력 일각의 사상적 불순정성을 동 일시하여, 양쪽을 모두 견책하고 반성을 하도록 조치함으로써 정치 적으로 이를 해결하고자 하였지만, 이 사태를 통하여 정조의 지도력 이 한계를 드러내기 시작하였다. 정조는 자신의 측근에서부터 야기 된 북학과 서학의 새로운 풍조에 대해 변화의 조류를 가로막는 듯하 면서 그 중심인물들에 견책을 가하였다. 하지만 집권 이후 스스로

---

95 유봉학, 『정조대왕의 꿈』, 신구문화사, 2001, 138쪽.

후원하여 키워내었던 측근 관료학자들을 극단적 상황으로까지 몰아갈 수는 없었다. 극단적 조치는 측근 학자들에게만 상처를 주는 것이 아니라 배후에서 저들을 후원해 온 정조 자신의 기반을 약화시키는 일이며, 자신의 정치적 지향이 잘못되었음을 증명하는 일이었기 때문이다.[96]

---

96 유봉학, 앞의 책, 96쪽.

29 오회연교와 정조의 서거

　　　　　　정조의 정치노선을 못마땅하게 지켜보고 있던 노론 벽파 세력은 정조의 우익인 박제가에 대한 공격의 기회를 호시탐탐 노리고 있었다. 때마침 박제가의 당돌한 행동은 그들에게 좋은 빌미를 제공하였다. 불쑥 튀어나온 박제가의 앞이마는 그의 총기와 고집을 암시하기에 충분했다. 궁궐 내에서도 그는 규범과 형식 등에 그다지 익숙하지 못한 모습을 보였다. 1797년(정조 21) 2월 25일 노론 벽파 영수 심환지는 임금의 행차시에 품수의 구별을 무시하고 호상(胡床, 의자)에 앉은 박제가의 파직을 청하고 나섰다. 임금이 거둥할 때에는 동반(문관)과 서반(무관)에 설치할 의자에도 품수의 구별이 있었다. 문반은 정3품 당상관인 참의 이상, 무반은 아장(亞將) 이상이라야 의자에 앉을 수 있었다. 그런데 당돌한 박제가가 이런 궁중의 예법을 무시한 것이다.

　1797년(정조 21) 1월 29일 정조는 아버지 사도세자의 무덤인 현륭원(顯隆園)을 참배하기 위해 화성 행궁으로 행차하였는데, 이때 박제가가 직품의 서차를 무시하고 당상관들의 반열 속에서 의자에 앉아 있었던 것이 발단이었다. 동지경연사 심환지가 다음과 같이 아뢰었다.

"근래에 (상께서) 원(園, 현릉원, 즉 사도세자의 묘소)에 거둥하실 때전 오위장 박제가가 반열 속 호상에 앉아 있기에 신이 각예(閣隷, 하인)를 시켜 가서 물어보게 하였더니, 벌컥 화를 내면서 '의자는 본래우리 집 것으로 하인을 시켜 가져온 것이다.' 라고 하였습니다. 그의처신이 불공하고 말이 매우 패려하니, 작은 일이라 하여 놔둘 수 없습니다. 박제가를 파직하소서."

그러나 정조는 오히려 박제가를 두둔하였다.

"박제가의 대답한 말이 공손치 못한 것은 원래 사람이 경솔하여격례를 모르는 소치다. 뭐 나무랄 것이 있겠는가. 이 뒤로는 옛 법을거듭 밝혀서 이러한 폐단이 없게 하라."[97]

임금 앞에서의 예법이 지엄한데도 불구하고, 정조는 오히려 종5품의 미미한 관직에 지나지 않는 영평현령 박제가를 감싼 것이다. 이에 대해서는 이조판서 이병정도 심환지의 편을 들고 나섰다. 그리고앞으로는 절대 정3품 이하는 호상에 앉지 못하도록 정식을 만들 것을 주청하였고, 정조도 이를 받아들임으로써 사태를 수습하였다.

'박제가가 공손치 못한 것은 원래 사람이 경솔하여 예의의 격식을모르는 소치' 라는 정조의 변명은 많은 울림을 전해준다. 그만큼 박제가를 아꼈기 때문에 그의 성향을 누구보다도 잘 알고 있었을 국왕과, 또 한편으로 국왕 앞에서도 궁중의 법도에 별로 익숙하지 않은모습으로 행동하였을 박제가의 모습이 눈에 선하다.

정조는 장용영(壯勇營) 설치(1788), 현릉원(顯隆園) 이장(1789), 화

---

97 『정조실록』 권46, 정조 21년 2월 25일.

화성행궁 발굴(1994년) | 당초 10년을 계획했던 정조의 화성 건설 사업은 1794년 정월에 시작하여 1796년 10월 16일에 낙성연을 여는 진기록을 세웠다. 전장 6킬로미터의 성곽과 6백 칸의 행궁 건설 사업은 강제적인 부역 노동이 아닌 임금 노동을 기본으로 했기 때문에 전국의 유이민들이 자발적으로 모여들어 단시일 내에 공사를 마칠 수 있었다.

성(華城) 축조(1794)의 여세를 몰아 1794년(정조 18) 12월 벽파의 영수 김종수(金鍾秀)를 강제로 은퇴시켰다. 그리고 1799년(정조 23) 3월 사도세자의 사당인 경모궁(敬慕宮)을 참배한 후 전교의 형식으로 임오의리(壬午義理)를 천명하였다. 임오의리는 사도세자에 대한 모함을 없앰으로써 군주권을 천양해야 한다는 주장으로서 남인과 소론계 인사가 주장하였고, 노론계에서도 박종악·서유린·이병모 등 정조

측근 세력이 이를 지지하여 노론 내부의 분열을 유발하였다. 요컨대 노론 벽파 세력의 음모에 의해 사도세자가 억울하게 죽었다는 점을 정조가 내외에 천명함으로써 공식적으로 사도세자를 신원한 것이다. 정조는 지금까지의 금기를 깨고 억울하게 죽은 부친을 정치적으로 복권시켰다.

벽파의 반발에 아랑곳하지 않고 정조는 마침내 1800년(정조 24) 5월 그믐 경연에서 '오회연교(五晦筵敎, 5월 그믐날 행한 경연에서의 하교)'를 발표했다. 오회연교의 골자는 두 가지였다. 첫째는 이가환을 정점으로 하는 남인 강경파의 부상에 대한 암시였고, 둘째는 사도세자를 모해한 노론 벽파는 반역을 범한 이상 자신에게 대항하지 말고 순종하라는 경고였다.

예상대로 노론 벽파의 반발은 대단했다. 그들은 정조의 경고 한마디에 지리멸렬하게 나가떨어질 위인들이 아니었다. 영조가 연잉군 시절에, 그들은 당시 친소론 성향의 왕인 경종을 압박하여 연잉군에게 권좌를 양보하도록 흉계를 도모한 자들이었다. 즉 자신들의 입맛에 따라 왕을 선택한(擇君) 세력이었다. 우연의 일치였을까? 노론 벽파의 정치명분을 부정하고 새로운 국정노선을 천명한 오회연교가 있은 뒤 28일 만에 정조가 49세의 젊은 나이로 급사하였다. 정조의 사망은 무수한 의혹을 남겼다. 특히 정조의 개혁정치에 큰 기대를 모으고 있던 남인들 사이에는 정조가 틀림없이 노론 벽파의 흉계에 의해서 독살된 것이라는 믿음이 널리 확산되었다.

정조의 죽음은 그를 믿고 의지해 온 박제가에게 하늘이 무너지는 것과 같은 충격이었다. 세상에 태어났어도 인간으로서 취급받지 못하는 서얼들을 거두어 지극한 사랑을 베풀어준 왕이 아니었던가! 그로 인해 박제가는 보통 사람들이 범접하기 힘든 구중궁궐 안에서 그곳에 소장된 비장 도서를 마음껏 읽으며, 학문하는 자로서의 홍복을 누릴 수 있었다. 왕이 조금만 더 살아계셨더라면 이제까지와는 다른 새로운 세상을 만날 수 있었을 텐데. 박제가는 안타깝고 안타까울 뿐이었다. 그는 만사(輓詞)를 지어 정조의 영령을 위로하였다.

대개 성인(聖人)이 있다는 소문만 들었는데
내가 몸소 우리 임금을 만날 줄이야!
말씀하여 밝히신 것은 하늘처럼 높았고

정조 건릉(健陵) | 정조와 효의왕후 김씨가 묻혀 있다. 살아서도 극진한 효자였던 정조는 죽어서도 부친인 사도세자의 능(융릉) 곁에 묻혔다. 화산(현 화성시 태안읍)에 위치한 사도세자와 정조의 능을 합쳐 융건릉(隆健陵)이라 한다.

끼치신 혜택은 땅의 두께만큼 쌓였다.

호탕한 군자의 풍모여

만물을 소생시키는 기운이 왕성하신 것은 아주 좋은 술과 같고

일을 도모하심에는 본말을 능히 꿰뚫으셨다.

만세토록 우러러볼 북두칠성 같으신 님이여.[98]

　정조가 죽자 노론 벽파는 정조의 탕평정책을 무산시키고 정조 세력의 제거에 나섰다. 차기 남인 재상감으로 거론되던 이가환·정약용도 노론 벽파가 일으킨 신유사옥(辛酉邪獄, 1801)에 걸려들어 이가환은 고문 끝에 죽었고, 정약용은 18년에 걸친 머나먼 유배길을 떠나야만 했다. 정조의 무력 기반이었던 장용영도 혁파되었다.

　그러나 박제가는 정조의 사후인 1801년(순조 1) 2월에도 사은사의 수행원이 되어 네 번째로 청나라에 다녀올 수 있었다. 이번에도 유득공과 동행하였다. 그는 이번 연행길에서 나중에 자신의 문집에 서문을 써 주게 되는 청나라 진사 진전(陳鱣)과 만나 깊은 우정을 나누었다. 진전은 『정유각집(貞蕤閣集)』의 서문에서 박제가의 학식과, 이미 돌아간 정조의 인간적 면모와, 정조와 박제가의 애틋한 인연 등에 관해서 다음과 같이 회고하였다.

　가경(嘉慶, 청나라 인종의 연호) 6년(1801) 3월에 나는 진사가 되어 도성 안으로 놀러갔다. 거기서 조선국의 사신으로 온 검서관 박

---

98 박제가, 『정유각집』 4집, 「시」, 정종대왕만사십이수(正宗大王輓詞十二首).

제가를 유리창 책방 골목에서 만났다. 한번 보았지만 마치 옛날부터 알고 지낸 사람처럼 느껴졌다. 말은 통하지 않았지만, 각자 필담을 통해서 의사를 소통하였다. 박 검서는 경서에 통달했고 옛것에 해박했으며 시문(詩文)에 뛰어난 재능을 보였다. 또 글씨체도 훌륭했다. 이때에 나의 동년 친구 가정전(嘉定錢) 군이 또한 가학을 이어 저술한 것이 매우 많았다. 박 검서와 동행한 유득공 군도 또한 해박하기 그지없어 네 사람이 신기한 문장을 상찬하고 그 뜻을 분석하는 데 경각(頃刻, 아주 짧은 시간)만에 종이 몇 장을 소모하였다. 옛 문헌들에 관해서 서로 간에 할 말들을 다 못하였지만 날이 저물어서 하는 수 없이 헤어졌다.

수일 만에 다시 만났는데 (박제가 일행이) 미안하게도 조선 종이로 만든 접부채와 야외용 삿갓과 환약을 선물로 주었다. 나는 곧시 네 장(章)을 지어 감사의 뜻을 전했다. 거기에 덧붙여 영련[楹聯, 기둥 혹은 바람벽에 써 붙이는 연구(聯句)]과 비첩(碑帖, 비문의 탁본)과 내가 쓴 『논어고훈(論語古訓)』을 주었다. 잠시 후에 박 검서가 한 편의 책을 꺼내 주었는데 『정유고략(貞蕤藁略)』이라는 것이었다. 대개 옛날부터 써놓은 것으로 맨 앞에는 대책(對策)을 나열하였고, 고학(古學)을 밝혔으며, 육예(六藝)와 관련된 군서(群書)를 관통하고 있었다. 내가 읽어 보니 그 내용이 넓고 넓어 끝이 없었다. 마치 높은 산에 오르고 깊은 바다에 임한 듯 그 높고도 깊은 뜻을 측량할 수 없었다.

내가 다년간 성음(聲音) · 문자(文字) · 훈고(訓詁)에 종사하면서 그때마다 뜻에 합치되는 것이 있으면 문득 문득 기록을 해 두었다.

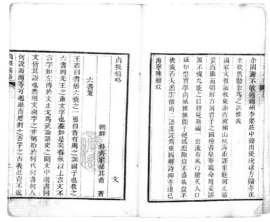

『정유고략』│ 박제가의 문집.

그러나 근년에는 성품이 점점 게을러져서 감히 자신할 수 없었는
데, 지금 박 검서가 써놓은 글을 보니 우선 내 마음과 꼭 합치되는
것을 느꼈다. 나도 모르는 사이에 감흥이 일었다.

　박 검서가 하는 말이 『정유고략』에 나열한 책문(策問)은 모두 먼
젓번 국왕(정조)이 손수 지은 것이라고 하였다. 국왕은 호학(好學)
박문(博聞)하여 직접 추로연원(鄒魯淵源, 공자와 맹자의 학문)을 접하
였고, 한당(漢唐) 이후의 말씀들을 술이부작(述而不作)하였다고 한
다. 공손하며 검소했고 아랫사람에게도 예로 대하였으며, 선(善)을
좋음이 흐르는 물처럼 자연스러웠다고 한다. 일찍부터 재야 인물
들(4검서를 말한다)의 이름을 알고 있다가 과거시험과 같은 상식적
인 격식을 벗어난 파격으로 그들을 등용 발탁하여 요직을 주었다
는 것이다. 군신 간의 지우(知遇)가 옛날에도 드문 경우라 하겠다.

나는 "무슨 영예가 이와 같을까?" 하고 탄식하였다.

대개 (박 검서가) 일찍이 세 번 경사(京師, 연경)에 들어왔었는데 사귄 사람들이 모두 명공(名公, 이름난 관리)과 거유(鉅儒, 존귀한 학자)들이었다. 그 천성이 중국 조정을 좋아하고 사모하였으며 경제〔經濟, 경국제세(經國濟世)〕에 대해 말하기를 좋아하였다. 일찍이 지은 『북학의』 두 권과 기타 저작한 시문(詩文)이 매우 많다. 여기 남아 있는 것은 그 재주의 십 분의 일밖에 되지 않는다.[99]

---

99 박제가, 『정유각집』, 「진전서(陳鱣序)」.

30 꿈

정조 서거 후에도 '당괴(唐魁)'로서 지목받던 박제가의 연행이 가능하였던 것은 그와 특별히 친분이 있는 윤행임(尹行恁)이 이때 이조판서로서 국병(國柄)을 오로지하고 있었기 때문이다. 윤행임은 정조의 총신(寵臣)이었다. 비록 정조가 돌아갔지만, 노론 벽파들로서도 윤행임을 아끼던 선왕의 유지를 급작스럽게 변경할 수는 없었다. 그러나 박제가가 연경을 향하여 여행하고 있을 때 그와 친분이 있었던 이가환·정약종 등은 사학 죄인으로서 박해를 당하였고, 박제가가 서울로 돌아올 무렵에는 그의 보호자 윤행임도 노론 벽파의 공격으로 실각하고 있었다.

1801년(순조 1) 5월 10일(을유) 벽파의 든든한 후원자인 대왕대비 정순왕후 김씨는 예조판서 윤행임을 전라감사로 좌천시켰다. 5월 14일에는 윤행임에게 권간(權奸, 권력을 농간한 간신)이라는 죄명을 씌워 전라남도 강진현 신지도에 유배하였다. 5월 25일 이후부터는 노론 벽파 영수 심환지의 지휘하에 정조로부터 총애를 받던 신하들에 대한 숙청 작업이 본격적으로 진행되었다.

그중 대표적인 사건이 그해 9월에 발생한 동남 성문 밖 흉서사건이었다. 박제가의 사돈인 전 단성현감 윤가기가 주모자로 지목된 이 사건은 윤행임을 중심으로 하는 정조의 남은 총신들을 일망타진하기 위한 정치 보복의 성격이 짙었다. 9월 15일(기축)에 노론 벽파 세력들은 윤가기·임시발(任時發) 흉서사건의 배후로 신지도에 유배가 있던 윤행임을 지목하여 사약을 내렸다. 윤행임이 평소 윤가기와 가깝게 지냈다는 것이 이유였다.

윤가기의 사돈이자, 윤행임의 지우를 받던 박제가도 이 사건에 연루되어 엄혹한 취조를 받았다. 그러나 박제가가 흉서사건에 연루되었다는 증거는 애매한 것이었다. 순조 때 국청 죄인 윤가기의 종 갑금(甲金)이 공초에서 말하기를 "윤가기가 흉언할 때에 그의 친사돈인 전 오위장 박제가와 서로 같이 수작하였다."고 한 자백에만 근거한 것이었다. 의금부에서는 박제가를 즉시 체포한 후 국문하여 면질시키고 여러 날을 형신(刑訊)하였으나, 상세하게 밝힐 수가 없었다.

9월 15일에 사헌부 장령 강휘옥(姜彙鈺)은

"박제가의 대단히 흉악한 정절이 이미 갑금의 공초에 나타났으니, 이는 윤가기·임시발 두 역적과 더불어 사람은 다르지만 속마음은 같습니다. 그는 윤가기의 인척으로서 오랫동안 윤행임의 난육(卵育, 품어 길러줌)함이 되었기에 원한을 품은 마음은 수작하는 즈음에 가려지지 않았고 도리에 벗어난 말은 더 엄중할 수 없는 곳에까지 미쳐서 진장(眞臟)이 다 드러났고 단안(斷案)이 이미 갖추어졌는데도, 오직 가볍게 한 작처를 갑자기 더하였으니, 국청의 체모가 소홀하고 형정(刑政)이 마땅함에 어그러진 것은 진실로 대단찮은 일이 아닙니다. 청컨대 죄인 박제가에게 다시 자세히 조사하기를 더하여 기어코

실정을 알아내도록 하소서."
하고 주청하였다.

　그러나 박제가는 끝내 자신의 억울한 죄명에 불복하였다. 결국 그
에게는 함경도 종성부 정배라는 엄혹한 처분이 내려졌다. 하지만 정
조의 남은 우익들을 제거하기에 혈안이 된 노론 벽파 집권세력들은
삼사(三司, 사헌부·사간원·홍문관)를 앞세워 종성부 정배가 지나치
게 가벼운 벌이라고 비난하였다. 그리고 연일 박제가를 처형할 것을
주장하였다. 정순왕후 김씨 섭정하의 노론 벽파 영수는 4년 전 호상
문제로 박제가를 파직시키고자 했던 영의정 심환지였다. 그들은 윤
가기 흉서사건을 빌미로 윤행임과 더불어 박제가까지 일망타진하려
는 속셈이었다. 그러나 박제가의 죄는 물론 모호한 것이었고, 증거
도 없었다. 그럼에도 불구하고 그를 어떻게든 죽음으로 몰아가려는
노론 벽파의 규탄은 가혹하고 집요하였다.

　그렇다면, 그들이 박제가에게 죄를 뒤집어씌우려 한 진짜 의도는
어디에 있었는가? 박제가가 경직된 당시의 사회 사조를 비판하고 북
학을 열렬히 주장한 것, 서얼 출신의 미관말직 벼슬아치가 자신의 분
수를 어기고 조선의 현실을 염려하는 정성에서 과감하게 개혁을 주
장한 것이 바로 화근이었다. 그리고 노론 벽파 세력이 그토록 미워하
던 국왕 정조의 총신이었다는 점이 빼놓을 수 없는 진짜 이유였다.

　박제가는 유배지에 도착하자마자 장남에게 편지를 썼다.

　　내가 24일이나 걸려 유배지에 도착하였다. 중간에 본 만수천산
　　(萬水千山)은 역시 능히 스스로 건재하더구나. 다리의 상처(국문 때

고문당한 상처)는 점점 좋아지고 있다. 지금은 변소에 갈 때 사람의 부축이 없어도 될 정도이다. 다만 의약품이 없고 또 침 놓는 이도 없으니 자연히 더디게 나을 것 같아 고민이다. 이 걱정을 빼면, 조밥에 찬 김치일망정 평소와 같이 편안하다.

　너희들은 절대 나 때문에 걱정하지 말도록 해라. 부지런히 두 동생 교육에 힘쓰고 학문을 폐하지 않는 것이 상책이다. 네가 오는 것도 긴요한 일이 아니니 다만 내년 봄에나 한번 다녀가도록 하거라. 정리(情理, 인정과 도리)는 금하기 어려우나 삼사(三司)의 논란함이 준엄하니 너희들은 위험하고 공포스러운 마음일 것이다. 또 기미를 보아 은밀하게 공격하는 무리가 있을 것이니 진실로 두려워해야 한다. 그러나 천지에는 오히려 공론(公論)이라는 것이 있으니 나의 억울함은 위관(委官, 박제가를 고문한 자들) 이하가 모두 잘 알 것이다.[100]

박제가는 수차례의 편지를 통해서 자신에 대한 염려는 일절 하지 말 것을 자식들에게 누누이 당부하였다. 그러나 유배지에 정배된 아비에 대한 걱정을 절대로 하지 말라던 호언과는 달리, 그를 괴롭히는 유배지에서의 고독과 두려움은 이루 형용할 수 없는 것이었다.

　내가 13일에 회포의 실마리가 끝이 없어 시를 한 편 지어 뜻을 드러내 보았다. 창을 열어 둔 채 눈을 감고 앉아 있었더니 몸이 비

---

100 박제가, 『정유각집』 권4, 「서」, 기임아(寄稔兒), 21쪽.

에 젖어 동이 트면서 갑자기 발이 차고 먹은 것이 체한 것을 느꼈다. 종일토록 한기에 떨었으나 열은 나지 않았다. 이틀 동안이나 계속 고통스럽길래 학질이 아닌가 의심했었다. 매우 두렵더구나. 차와 함께 청심원을 마시고 이틀 동안 끼니를 걸렀더니 지금은 아주 좋아졌다.[101]

유배지에서의 힘난한 여정 속에서 언제 다시 살아서 만날지 모르는 자식들이었다. 그런 와중에 박제가가 가장 마음을 쓴 것은 아이들의 교육 문제였다. 그는 수시로 편지를 띄워 아이들에게 학문에 힘쓸 것을 당부하였다. 그것은 자신이 억울하게 비명횡사하더라도 꼭 자식들에게 당부해 두고 싶은 유일한 유언이자, 희망이었다.

너희들은 모름지기 내가 멀리 있는 것을 생각지 말아라. 만약 나를 생각하는 때가 있다면 다만 절실하게 공부에 힘쓰는 것이 좋을 것이다. 결코 유유(悠悠, 한가한 모양)하고 범범(泛泛, 집중하지 않는 모양)하게 내가 있을 때처럼 해서는 안 될 것이다. 두 동생들도 또한 때를 놓치게 해서는 안 된다. 너희들은 배고픈 것을 생각지 말고 다만 학문이 부족한 것을 근심하도록 해라.

너희들은 일과로 독서하는 것을 폐하지는 않았는지 궁금하구나. 나 역시 산만하게 정해진 일과가 없다 보니 보는 바가 전과는 달라 보이는구나. 다만 평일에 한 자라도 책을 읽지 않는 것을 애

---

101 박제가, 『정유각집』 권4, 「서」, 寄穉兒, 25쪽.

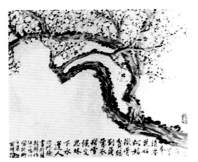
청나라 학자 나빙(羅聘)이 박제가와 이별하면
서 그려 준 매화 그림이다.

석해할 따름이다. 『맹자』는 겨
우 손으로 베껴 쓰는 것을 마
쳤다. 사서(四書)의 의리(義理)
는 무궁하므로 얼굴을 책 속
에 파묻고 밖으로 나가는 날
이 없어야 할 것이다. 그런 것
을 고민해야 한다. 만약 여러
종류의 책을 얻을 수 있고 또
너희들이 내 곁에서 그것을

베껴 쓸 수만 있다면 가히 지극한 즐거움이라 이를 만할 것이다.
그런 날이 언제나 올 수 있을는지.[102]

얼마간의 시간이 흘러 그의 무죄가 확실시되자, 1803년(순조 3) 2
월 6일 대비는 종성부에 정배한 박제가를 방축향리(放逐鄕里, 관직을
삭탈하고 고향으로 쫓아냄)하라는 명을 내렸다. 그럼에도 불구하고 이
례적으로 의금부에서는 대비의 명을 듣지 않았다. 1804년(순조 4) 2
월 24일 사체를 민망하게 여긴 대비가 다시 엄명을 내리자 그때서야
박제가의 정배를 풀어주었다.

박제가는 다시 향리로 방축되어 거동의 자유를 엄격하게 제한받
다가, 순조 5년 3월 22일에야 의금부의 사단(赦單, 사면 대상자 명단)
으로 죄인의 신분에서 풀려날 수 있었다. 실로 3년 6개월여의 고단

---

102 박제가, 『정유각집』 권4, 「서」, 寄稔兒, 25~27쪽.

한 수형 생활이었다.

억울한 유배와 수형 생활에서 가까스로 풀려났지만, 엄혹한 고문으로 치명상을 입은 박제가의 몸은 이미 만신창이가 되어 있었다. 결국 그 여독을 풀지 못하고, 박제가는 사면 한 달 후인 1805년 4월 25일 56세를 일기로 파란 많은 생을 마감하였다. 마지막 감은 그의 두 눈 속에 먼저 세상을 떠난 친구들과 국왕 정조의 모습이 오롯이 떠올랐다.

> 선왕(정조)의 뜻은 경장(更張)에 있었네.
> 악의 근원을 씻어내고 기강(紀綱)을 회복코자 하셨지
> 그분의 향기가 중도에서 끊겼으니
> 수척하고 느른해진 나라의 운명을 누가 다시 일으킬꼬
> 나를 부르실 때마다 왕안석(王安石)에 비유하셨는데
> 임금의 그 목소리가 아직도 귓가에 맴도는구나.[103]

---

103 박제가, 『정유각집』 5집, 「시」, 이원(利原).

조선 후기 실학적 지식인들의 약전과 대표 저술

1. 17세기

김육 (金堉 1580~1658)

청풍 김씨. 기묘명현의 한 사람인 김식의 고손자. 1649년(효종 즉위년) 우의정에 임명되고, 1654년(효종 6)에 영의정이 되었다. 관직에 있는 동안 줄곧 대동법(大同法) 시행을 통해 민생을 안정시킬 것을 주장하였다. 그러나 토지 소유량에 따른 누진세의 성격을 띤 대동법의 시행은 기득권층의 양보가 필요하였으므로 이를 반대하는 김집 등과 정치적 갈등을 빚기도 했다. 김육을 중심으로 한 한당(漢黨)과 김집·송시열을 중심으로 한 산당(山黨) 세력의 대립이 그것이었다. 우여곡절 끝에 1651년(효종 2) 김육의 건의로 충청도에서 처음 대동법이 시행되었으며, 김육 사후 함경도와 평안도를 제외한 전국에 대동법이 시행되었다. 이를 통해 부호의 부담은 늘고 가난한 농민의 부담은 줄었으며, 국가는 전세 수입의 부족을 메울 수 있었다.

김육은 이외에도 유통경제 활성화를 위한 화폐의 사용, 농사 기술 개선을 위한 수차와 수레의 사용, 역법(曆法)의 선진화를 위한 시헌력의 사용 등을 주장하였다. 그리고 각종 기근과 재난과 질병에 시달리는 백성들을 구할 목적에서 『구황벽온방』 등을 편찬하였다. 김육은 18세기 실학의 융성에 많은 영향을 끼쳤다. 주요 저서에 『잠곡유고(潛谷遺稿)』가 있다.

한백겸 (韓百謙 1552~1615)

청주 한씨. 1595년 호조좌랑을 거쳐 1601년 형조정랑, 청주목사를 지냈다.

1607년 호조참의가 되었고, 1610년(광해군 2) 강원도 안무사를 거쳐 1611년 파주목사를 지냈다. 역학(易學)에 밝아 선조 때 『주역전의(周易傳義)』의 교정을 맡았고, 『동국지리지(東國地理志)』를 저술하여 실학의 선구자적 역할을 하였다. 주요 저서에 『구암집(久菴集)』이 있다.

이수광(李睟光 1563~1628)

전주 이씨. 명나라에 가서 이탈리아 신부 마테오 리치의 저서 『천주실의』 2권과 『교우론』 1권 등 서학서를 조선에 최초로 도입하였다. 그리고 『지봉유설(芝峯類說)』을 지어 서양의 사정과 천주교 지식을 소개하였다. 인조대에 도승지 · 대사간 · 이조판서 등 고위관직을 역임하고 사후 영의정에 추증되었다. 주요 저서에 『지봉유설』이 있다.

허균(許筠 1569~1618)

양천 허씨. 1610년(광해군 2) 진주부사(陳奏副使)의 자격으로 명나라에 가서 한국 최초의 천주교 신도가 되었으며, 천주교 12단(端)을 얻어 왔다. 1617년 폐모론을 주장하는 등 대북파의 일원으로 왕의 신임을 얻어 좌참찬에 기용되었으나, 이듬해 역모사건에 연루되어 가산이 적몰되고 참형당했다. 시문에 뛰어난 천재로 여류시인 허난설헌의 동생이며, 소설 『홍길동전』은 사회 모순을 비판한 조선시대의 대표적 걸작이다. 주요 저서로 『성소부부고(惺所覆瓿藁)』가 있다.

윤휴(尹鑴 1617~1680)

남원 윤씨. 우참찬 · 이조판서 · 대사헌 등을 역임하였으나, 1680년(숙종 6) 경신환국으로 남인이 실각되자 갑산에 유배되었다가 사사당했다. 사림파들에게 절대시되어 오던 주자의 경전 해석에서 벗어나 『중용』 · 『대학』 · 『효경』 등의 경전을 독자적으로 해석하여 장구(章句)와 주(註)를 수정함으로써 당시 학계에 신선한 충격을 주었다.

정계에 등장한 뒤 오가작통사목(五家作統事目)과 지패법(紙牌法)의 실시를 주장하고 세법(稅法)의 개혁을 시도했으나 실패하였다. 문란한 군정을 바로잡기 위해서 상평창(常平倉)과 호포법(戶布法)의 실시를 주장하였다. 비변사를 폐지하고 체부(體府)를 신설하여 북벌에 대비하게 하였으나 결과가 나빠 모두 폐지되었다. 1689년(숙종 15)에 신원되어 영의정에 추증되었다. 주요 저서에 『독서기(讀書記)』가 있다.

유형원(柳馨遠 1622~1673)

문화 유씨. 1653년(효종 4) 전북 부안현 우반동(愚磻洞)에 정착한 이후 과거를 단념하고 학문 연구와 저술에 전심하였다. 임진왜란과 병자호란의 상처를 치유하기 위해서 『반계수록(磻溪隧錄)』을 저술하여 사회 전반의 제도 개혁을 구상하였다. 중농사상에 입각한 토지 겸병의 억제와 균등 배분을 위한 전제의 개편, 세제·녹봉제의 확립, 과거제의 폐지와 천거제의 실시, 신분·직업의 세습 탈피와 기회균등의 구현, 관제·학제의 전면 개편 등을 주장하였다. 실학을 최초로 체계화하였으며, 뒷날 이익·홍대용·정약용 등에게 큰 영향을 끼쳐 실학의 학풍이 만개하는 데 기여하였다. 주요 저서로는 『반계수록』이 있다.

박세당(朴世堂 1629~1703)

반남 박씨. 숙종대에 공조판서를 거쳐 이조와 형조의 판서를 지냈다. 1703년(숙종 29) 중추부사로 기로소에 들어가 『사변록(思辨錄)』을 저술하였다. 여기에서 주자학을 비판하고 독자적인 견해를 발표하여 사문난적(斯文亂賊)으로 낙인찍혔다. 이 때문에 삭직되어 유배 도중 옥과에서 죽었다. 이중환·안정복보다 앞선 시대의 실학자로 농촌 생활에 토대를 둔 박물학의 학풍을 이룩하였다. 주요 저서로는 『사변록』 외에 『색경』과 『서계집』 등이 있다.

홍만종(洪萬宗 1643~1725)

풍산 홍씨. 문학평론집인『순오지(旬五志)』에서 국문학의 가치에 대해 논하였고, 정통적인 시문에는 별로 힘을 기울이지 않은 반면, 시화(詩話)·소설에 흥미를 가져 많은 책을 저술하였다. 대표 저서로『순오지』가 있고, 편저로『역대총목』·『시화총림』·『소화시평』·『해동이적』·『명엽지해』 등이 있다.

정제두(鄭齊斗 1649~1736)

연일 정씨. 서울 출생. 숙종 때 호조참의, 경종 때 대사헌·이조참판, 영조 때 우찬성·원자 보양관 등을 잠시 지냈으나, 주로 학문 연구에 전념하였다. 지식과 행동의 통일을 주장하는 양명학을 연구하여 조선 최초로 학문적 체계를 세운 것으로 평가된다. 주요 저서로는『하곡집(霞谷集)』이 있다.

이이명(李頤命 1658~1722)

전주 이씨. 1699년(숙종 25) 이후 대사헌·한성부 판윤·이조판서·병조판서 등을 역임하고, 1705년에 우의정, 1708년에 좌의정에 이르렀다. 1720년 숙종이 죽자 고부사(告訃使)로 청나라에 갔는데, 귀로에 천주교·천문·역산에 관한 책을 가지고 돌아왔다. 김창집·이건명·조태채와 함께 연잉군의 대리청정을 주장하다 임인년(1722)의 사화로 목숨을 잃었다. 성리학에도 정통하였으며, 실학 사상에도 관심이 많았다. 주요 저서로『소재집(疎齋集)』이 있다.

김석문(金錫文 1658~1735)

청풍 김씨. 조선 최초로 지전설을 주장한 것으로 알려지고 있다. 태양의 둘레를 선회하는 별들이 모두 제각기 궤도를 따라 선회할 뿐만 아니라 지구도 남북극을 축으로 하여 제자리에서 1년에 366차례 회전한다고 하였다. 또 일정한 시기를 주기로 인류 역사와 문명, 자연 현상이 흥망성쇠를 되풀이한다는 순환론적 역사철학을 주장하였다. 그러나 그의 우주설은 비과학적인 역학적(易學的) 체계에 불과하며 과학사적 성과에서 제외해야 한다는 평가도 있다. 주요 저서로『역학이십사도총해(易學二十四圖總解)』가 있다.

양득중(梁得中 1665~1742)

능주 양씨. 1703년 공주의 덕촌으로 이사하여 윤증의 문인이 되었다. 1722년 (경종 2) 세자익위사 익찬을 거쳐 사헌부 장령, 동부승지를 역임했다. 기회가 있을 때마다 영조에게 실사구시의 실학을 정치에 반영할 것을 건의하였고, 탕평책의 시행을 주장하였다. 주요 저서로『덕촌집(德村集)』이 있다.

2. 18세기

정상기(鄭尙驥 1678~1752)

하동 정씨. 이익의 문인으로 지리학에 관심이 많았다. 전국을 답사한 후 과학적인 백리척(百里尺)을 이용하여『팔도도(八道圖)』를 제작하여 역대 국경의 변천, 군현의 연혁, 산천도리, 관방의 성곽, 해로, 북간도 강계, 궁실 등에 대한 역사적 변천을 기술하였다. 특히 산천의 기사는 정치적 관점을 벗어난 근대적 안목을 보여주었으며, 토지개혁에서부터 병사·산업·재정·의약 등에 이르기까지 일상생활의 전반을 실용적인 이용 면에서 연구하였다. 이익을 비조로 하는 경세치용학파가 그에 이르러 절정을 이루었다는 평가를 받는다. 주요 저서에『팔도도』가 있다.

이익(李瀷 1681~1763)

여주 이씨. 1705년(숙종 31) 증광과에 합격하였으나 형 이잠이 당쟁으로 희생된 후 평생 관직에 뜻을 두지 않고 광주 첨성리에 머물며 학문에 몰두하였다. 유형원의 학풍을 계승하여 실학의 대가가 되었다. 특히 천문·지리·의약·율산

(律算)・경사(經史)에 많은 업적을 남겼으며, 국가 부흥을 위하여 당시까지 유행하던 무실(無實)한 학풍을 배격하고 실증적, 실용적인 학문의 틀을 확립시켰다. 그의 실학사상은 제자 안정복・이가환・이중환・윤동규・신후담・권철신 등에 의하여 연구 계승되었고, 정약용이 집대성하였다. 주요 저서에 『성호사설(星湖僿說)』이 있다.

이중환(李重煥 1690~1752)

여주 이씨. 평소에 남인 서얼 출신 목호룡과 친하게 지내던 중 1722년(경종 2) 임인옥사 때 목호룡에게 말을 빌려 주었다는 공으로 병조좌랑이 되었다. 1724년 영조가 즉위하여 노론이 득세하자 목호룡의 일당으로 몰려 절도에 귀양 갔다가 1727년 풀려났다. 이익의 실사구시 학풍을 이어받아 1730년까지 전국을 방랑하면서 지리・사회・경제를 연구하여 실학사상 형성에 큰 공적을 남겼다. 주요 저서로는 『택리지(擇里志)』가 있다.

유수원(柳壽垣 1694~1755)

문화 유씨. 1718년(숙종 44) 정시문과에 급제하여 1722년(경종 2) 정언이 되었다. 1737년 『우서(迂書)』를 저술하였고, 1741년(영조 17) 왕과 탕평책을 토론하였다. 1755년 나주괘서사건에 이어 토역경하정시에서 나타난 변서(變書)사건에 연루되어 대역죄로 처형되었다. 주요 저서로 『우서』가 있다.

신후담(愼後聃 1702~1761)

거창 신씨. 이익의 문인으로 도가・불가・병가에 이르기까지 통달하였다. 당시 중국을 통해 들어오는 서양 학문에 대하여 『서학변(西學辨)』을 지어 이를 비평하였다. 한편, 소설에도 관심을 가져 『속열선전』・『태평유기』・『금화외편』・『남흥기사』 등의 한문소설을 썼다. 주요 저서로 『서학변』이 있다.

신경준(申景濬 1712~1781)

고령 신씨. 1770년『문헌비고』편찬에서「여지고(輿地考)」를 맡아 일을 한 공으로 동부승지에 제수되었다. 병조참지가 되어『팔도지도』와『동국여지도』를 완성하였다. 1771년 북청부사, 1773년 좌승지 · 강계 부사 · 순천부사, 1774년에 제주목사를 거친 후, 1779년에 치사하고 고향 순천으로 돌아갔다. 학문이 뛰어나고 지식이 해박하여 성률 · 의복 · 법률 · 기서(奇書)에 이르기까지 통달하였다. 실학을 바탕으로 한 고증학적 방법으로 한국의 지리학을 개척하였다. 주요 저서에『여암집(旅菴集)』이 있다.

안정복(安鼎福 1712~1791)

광주(廣州) 안씨. 이익의 제자로 특히 경학과 사학에 뛰어났다. 경학의 해석에서는 이황 · 이익은 물론 주자의 해석까지도 바로잡는 데 주저하지 않았다. 1758년(영조 35)에 완성한 역사서인『동사강목』은 종래의 중화사상에서 벗어나 단군조선까지 거슬러 올라가서 한국사의 상한을 올려 잡았을 뿐만 아니라, 종전에 모호하던 역사 사실을 규명하고, 외적의 침략에 항거한 장수들을 내세워 민족의 활기를 찾으려고 시도하였다.『동사강목』은 근대에 박은식 · 장지연 · 신채호 등의 민족주의 사학자들에게 학문적 · 사상적인 계몽서가 되었다. 주요 저서에『순암집(順庵集)』이 있다.

서명응(徐命膺 1716~1787)

대구 서씨. 1754년(영조 30) 증광문과에 급제하고 1755년 서장관이 되어 청나라에 다녀왔다. 1769년(영조 45) 충청도 수군절도사를 거쳐 한성부 판윤에 올랐고, 이어서 형조 · 이조 · 호조 · 병조의 판서를 두루 역임하였다. 역학에 정통한 실학의 대가로 북학파의 시조로 평가된다. 주요 저서에『보만재총서(保晚齋叢書)』가 있다.

우정규(禹禎圭 1718~?)

단양 우씨. 1788년(정조 12) 6월 민폐의 구제 등 경세와 이재(利財)에 관한 45종류의 소책(疏策)으로 된 『경제야언(經濟野言)』이라는 경세서를 만들어 소장과 함께 정조에게 진상하였다. 내용은 치국의 기본 방책을 8조목으로 나누어 설명한 뒤 붕당 혁파 · 수령 택차 · 과거제 · 교육제 · 군제 · 요역제 및 각종 세제 등에 관한 구체적인 변통책을 제시한 것이다. 정조는 그의 건의를 가상하게 여겨 묘당에 검토를 지시하였다. 그러나 당시의 비변사에서는 부녀자의 머리 사치를 개선하자는 극히 지엽적인 주장만 받아들이고, 그 외의 다른 개혁안은 모두 무용한 것이라는 내용을 정조에게 보고함으로써 끝내 그의 개혁안은 빛을 보지 못하였다. 주요 저서에 『경제야언』이 있다.

홍양호(洪良浩 1724~1802)

풍산 홍씨. 1777년(정조 1) 홍국영의 세도정치가 심해지자 경흥부사로 나갔다가, 홍국영이 실각한 뒤 한성부 우윤 · 대사간을 지내고 1782년 동지부사로 청나라에 다녀왔다. 1794년에 또 동지 겸 사은사로 청나라에 다녀온 후 이조판서에 임명되었다. 1799년 홍문관 · 예문관의 대제학을 겸임하였고, 1801년(순조 1) 중추부 판사도 겸하였다.

『영조실록』 · 『국조보감』 · 『갱장록』 · 『동문휘고』 등의 편찬에 참여할 만큼 학문과 문장에 뛰어났다. 청나라에 갔을 때에는 대구형 · 기효람 등의 중국 학자와 교유하였고, 귀국 후 고증학 발전에 크게 기여하였다. 1764년(영조 40)에는 일본에 가는 통신사에게 의뢰, 벚나무 묘목을 가져다가 우이동에 심었다. 삼국시대부터 조선 인조 때까지 활약한 명장들의 전기인 『해동명장전』의 저자로도 유명하다. 주요 저서로는 『이계집(耳溪集)』이 있다.

위백규(魏伯珪 1727~1798)

장흥 위씨. 천문 · 지리 · 율력 · 복서 · 산수 등에 통달하고 특히 역에 정통하였다. 정조 때 학행으로 천거받아 선공감 부봉사 · 옥과현감 · 경기전 영(令) 등에 임명되었으나 취임하지 않고 은거하였다. 주요 저서로는 『존재집(存齋集)』이 있다.

황윤석(黃胤錫 1729~1791)

평해 황씨. 1759년(영조 35) 사마시에 합격하고, 1766년 유일로 천거되어 벼슬이 익찬에 이르렀다. 순조 때 도내 사람들이 그의 사당을 세웠다. 『이재유고(頤齋遺稿)』의 권25 「화음방언자의해」와 26권 「자모변」은 국어 연구에 귀중한 자료이다. 주요 저서로 『이재유고』가 있다.

홍대용(洪大容 1731~1783)

남양 홍씨. 북학파의 학자인 박지원 · 박제가 등과 친교를 맺었으며, 학풍은 성리학보다도 군국 · 경제에 전심하였다. 1765년(영조 41) 숙부인 억이 서장관으로 청나라에 갈 때 군관으로 수행하였다. 북경에서 엄성 · 반정균 · 육비 등과 사귀어 경의 · 성리 · 역사 · 풍속 등에 대하여 토론하였다. 또 천주당에 가서 서양 문물을 견학하고 독일 사람인 흠천감정 할러슈타인, 부감 고가이슬과 면담했으며, 관상대를 견학하여 천문 지식을 넓혔다. 귀국 후 세손익위사 시직 · 감찰, 태인현감 등을 거쳐 1780년(정조 4) 영주군수가 되었다.

북학파의 선구자로 지구의 자전설을 설파하였고, 균전제 · 부병제를 토대로 하는 경제정책의 개혁, 과거제도의 폐지와 공거제에 의한 인재 등용, 신분의 차이 없이 8세 이상의 모든 아동에게 교육시켜야 한다는 혁신적인 개혁사상을 제창하였다. 주요 저서로 『담헌서(湛軒書)』가 있다.

이긍익(李肯翊 1736~1806)

전주 이씨. 어려서 부친에게서 글을 배웠다. 학문과 글씨가 뛰어났으며 실학을 제창하고 고증학파 학자로서도 유명했다. 소론의 한 사람으로 당론을 강력히 주장, 노론이 집권하자 여러 번 귀양을 갔고, 집안이 크게 화를 입었다. 저작은 많으나 겹치는 귀양살이로 거의 유실되고 전하는 책은 극히 적다. 주요 저서로 『연려실기술(練藜室記述)』이 있다.

박지원(朴趾源 1737~1805)

반남 박씨. 돈령부지사를 지낸 조부 슬하에서 자라다가 16세에 조부가 죽자 결혼하였다. 처숙 이군문에게 수학, 학문 전반을 연구하다가 30세부터 실학자 홍대용과 사귀고 서양의 신학문을 접하였다.

1777년(정조 1) 권신 홍국영에 의해 벽파로 몰려 신변의 위협을 느끼자, 황해 도 금천의 연암협으로 이사하여 독서에 전념하였다. 1780년(정조 4) 친족형 박 명원이 진하사 겸 사은사가 되어 청나라에 갈 때 동행하였다. 요동ㆍ요하ㆍ북경 등지를 지나는 동안 특히 이용후생에 도움이 되는 청나라의 실제적인 생활과 기 술을 눈여겨보고 귀국, 기행문 『열하일기(熱河日記)』를 저술하였다. 이것을 통해 서 청나라의 문화를 소개하고 당시 조선의 정치ㆍ경제ㆍ사회ㆍ문화 등 각 방면 에 걸쳐 비판과 개혁을 논하였다.

1786년 왕의 특명으로 선공감 감역이 되고 1789년 사복시 주부, 이듬해 의금 부 도사, 제릉 영, 1791년(정조 15) 한성부 판관을 거쳐 안의 현감을 역임한 뒤 사퇴했다가 1797년 면천군수가 되었다. 1798년에 왕명을 받아 농서 2권을 찬진 하고 1800년(순조 즉위) 양양부사에 승진, 이듬해 벼슬에서 물러났다.

홍대용ㆍ박제가 등과 함께 북학파의 영수로 이용후생의 실학을 강조하였으 며, 특히 자유기발한 문체를 구사하여 여러 편의 한문소설을 발표하였다. 이를 통해서 당시 양반 계층의 타락상을 고발하고 근대사회를 예견하는 새로운 인간 상을 창조함으로써 많은 파문과 영향을 끼쳤다. 주요 저서로 『열하일기』가 있다.

이덕무(李德懋 1741~1793)

전주 이씨. 서얼 출신으로 빈한한 환경에서 자랐으나 박람강기(博覽强記)하고 시문에 능하여 젊어서부터 이름을 떨쳤다. 홍대용 · 박지원 · 성대중 등과 사귀고 박제가 · 유득공 · 이서구 등과 함께 『건연집』이라는 시집을 냈으며, 이것이 청나라에까지 전해져서 이른바 사가시인(四家詩人)의 한 사람으로 이름을 날리게 되었다.

1778년(정조 2) 중국 여행 기회를 얻어 청나라의 문사들과 교류하고 돌아왔으며, 1779년에 정조가 규장각을 설치하여 여기에 서얼 출신의 우수한 학자들을 검서관으로 등용할 때 박제가 · 유득공 · 서리수와 함께 수위로 뽑혔다.

정조의 총애를 받으며 규장각에서 『국조보감』 · 『대전통편』 · 『무예도보통지』 · 『규장전운』 · 『송사전』 등 여러 서적의 편찬 교감에 참여하였으며, 많은 시편도 남겼다. 서울 지도인 「성시전도」를 보고 읊은 백운시가 정조로부터 '아(雅)'라는 평가를 받아 호를 아정(雅亭)이라 새로이 칭하게 된 것도 이 무렵이다. 검서를 겸한 채 외직에도 나가서 사근도 찰방, 광흥창 주부 등을 거쳤으며, 1791년 사옹원 주부가 되었다가 『홍문관지』를 교감한 공로로 적성현감에 제수되었다.

1793년 병들어 돌아가자, 3년 뒤 그의 재주를 아끼던 정조가 내탕전 오백 냥을 하사하여 문집 『아정유고』 8권 4책을 간행하게 하였다. 문자학인 소학, 박물학인 명물에 정통하고, 전장(典章) · 풍토 · 금석 · 서화에 두루 통달하여, 박학적 학풍으로 유명하였다. 주요 저서에 『청장관전서(靑莊館全書)』가 있다.

우하영 (禹夏永 1741~1812)

단양 우씨. 수원에서 유생으로 평생을 보낸 대표적인 농촌 지식인. 1796년(정조 20) 국왕의 구언 하교가 내리자 시무책을 올려 평소 사회경제 문제에 대해 갖고 있던 견해를 제시하였다. 국왕 정조로부터 "모두 국가와 백성의 실용에 관계되는 것이며 타고난 재주를 펴보지 못한 인재"라는 칭송을 받았다.

1804년(순조 4) 국왕의 구언 하교가 내리자 이를 보완하여 『천일록(千一錄)』이라는 제목으로 응지상소하였으나, 별로 주목받지 못하였다. 18세기 말 사회 문제의 원인과 그 해결책을 농업을 중심으로 하여 모색하였는데, 전통적인 농본사상에서 출발하여『농가집성』이후의 농업기술을 시비 · 수리 · 농구의 면에서 보완하여 발전시키고자 하였다.

또한 집약적인 농업을 이상적인 경영 형태로 보아 당시 성행하던 광작을 반대하고 상업적 농업을 경영할 것을 주장하였다. 농민층의 분화에 따른 전통적 공동체의 해체 현상에 대해 우려를 표시하고, 지주제를 바탕으로 한 농민 경제의 안정을 추구하였다. 한편, 중세적 신분질서의 유지를 주장하면서도 경제력을 바탕으로 새로이 성장해 가던 사회계층의 신분 이동은 긍정하는 융통성을 보였다. 주요 저서에『천일록』이 있다.

유득공(柳得恭 1749~1807)

문화 유씨. 증조부와 외조부가 서자였기 때문에 서얼 신분으로 태어났다. 부친이 요절하여 모친 아래에서 자랐고, 18, 9세에 숙부인 유련(柳璉)의 영향을 받아 시짓기를 배웠으며, 20세를 지나 박지원 · 이덕무 · 박제가와 같은 북학파 인사들과 교유하기 시작했다.

1774년(영조 50) 사마시에 합격하여 생원이 되었고, 정조가 즉위하여 규장각을 설치한 뒤인 1779년(정조 3)에 검서관에 임명됨으로써 32세에 비로소 신분제약에서 벗어나 관직 생활을 시작할 수 있었다. 이후 포천 현감 · 양근군수 · 사도시 주부 · 풍천 도호부사를 역임하였고, 그를 아끼던 정조가 돌아가자 관직에서 물러나 은거하다가 1807년(순조 7)에 60세를 일기로 사망하여 양주(楊州) 송산(松山, 의정부시 송산동)에 묻혔다. 생전에 개성 · 평양 · 공주 등과 같은 국내의 옛 도읍지를 유람하였고 두 차례에 걸쳐 연행(燕行)하고 돌아왔으니, 이 경험을 토대로 문학과 역사 방면에 뛰어난 저술을 남겼다.

그는 역사가라기보다는 시인이었으므로, 그의 역사 인식은 문학론에서 비롯되었다. 다른 북학파 인사들과 마찬가지로 훌륭한 시를 짓기 위해서는 동서고금을 막론하고 모든 문학작품을 섭렵해야 한다는 생각을 가졌다. 이에 따라 중국 서적을 다양하게 섭렵하였고, 한국 역사에도 애정을 가지게 되었다. 그리고 만주·몽골·회회·안남(베트남)·남장(라오스)·면전(미얀마)·타이완·일본·류큐 및 서양의 홍모번(영국)·아란타(네덜란드)에도 관심을 가짐으로써 중국 일변도의 세계관에서 벗어날 수 있었다.

비록 그의 역사관을 체계적으로 보여주는 것은 없지만, 처음에 남방 중심의 역사 인식에서 출발하여 점차로 북방 중심으로 변모해 갔고, 그 결과『발해고(渤海考)』·『사군지(四郡志)』를 저술하여 한국 사학사에 뚜렷한 족적을 남길 수 있었다. 그는『발해고』를 통하여 발해의 옛 땅을 회복하여야 한다는 생각을 피력하였고,『사군지』에서는 북방 역사의 연원을 밝혀 보고자 하였다. 특히『발해고』머리말에서 고려가 발해 역사까지 포함한 '남북국사'를 썼어야 했는데 그러지 않았다고 비판한 뒤에, 발해를 세운 대씨(大氏)가 고구려인이었고 발해의 땅도 고구려 땅이었다고 하여 발해가 고구려를 계승한 나라임을 주장함으로써 '남북국시대론'의 효시를 이루었다. 이상과 같은 그의 역사 인식은 나중에 정약용·한치윤 등의 역사 관련 연구 업적이 나올 수 있는 토대를 마련하였던 것으로 평가된다. 주요 저서로『발해고』가 있다.

박제가(朴齊家 1750~1805)

밀양 박씨. 19세 때 박지원의 문하에서 실학을 연구, 1776년 이덕무·유득공·이서구 등과 합작한 시집『건연집』이 청나라에 소개되어 조선 시문 사대가의 한 사람으로 알려졌다. 1778년(정조 2) 사은사 채제공의 수행원으로 청나라에 가서 이조원·반정균 등에게 새 학문을 배우고 귀국하여『북학의(北學議)』내외편을 저술, 이듬해 정조의 특명으로 규장각 검서관이 되어 많은 서적을 편찬하였다. 그 뒤 진하사·동지사를 수행, 두 차례 청나라에 다녀왔다. 1794년 춘당대 무과에 장원하여 오위장에 오르고, 이듬해 영평현령으로 나갔다.

1798년『북학의』진소본(進疏本)을 작성하고, 1801년(순조 1) 사은사를 수행, 네 번째로 청나라에 다녀왔다. 그러나 동남성문의 흉서사건에 사돈 윤가기가 주모자로 지목되어 연좌로 종성에 유배되었다가 4년 만에 풀려났다. 주요 저서로

『북학의』가 있다.

이서구(李書九 1754~1825)

전주 이씨. 1774년 정시문과에 병과로 급제. 사관 · 지평을 거쳐 승지 · 대사간 · 이조판서 · 대사헌 · 우의정 등을 역임했다. 왕명으로 『장릉지』 · 『춘추』 · 『정조실록』 등의 편찬에 참여했다. 명문장가로 특히 시명(詩名)이 높아 박제가 · 이덕무 · 유득공과 함께 한시의 4대가로 알려졌으며, 오언고시에 능했다. 주요 저서로 『척재집(惕齋集)』이 있다.

3. 19세기

신작(申綽 1760~1828)

평산 신씨. 어려서부터 책을 좋아하여 장서가 4천여 권에 달하였다. 1813년 (순조 13) 증광문과에 병과로 급제, 이때 부친상에 임종 못한 것을 한탄하여 벼슬을 단념, 학문에 전념하고 고금의 경서를 고증학적 방법으로 주해하였다. 문장에 뛰어났고, 예서 · 전서에도 능하였다. 주요 저서에 『시 · 서 · 역차고(詩書易次故)』가 있다.

성해응(成海應 1760~1839)

창녕 성씨. 1783년(정조 7) 진사가 된 후, 1788년 규장각 검서관으로 기용되었다. 벼슬은 부사에 그쳤으나 영조 · 정조 시대의 대표적 실학자로서 경학에 정통하였다. 이덕무 · 유득공 · 박제가 등과 친교를 맺었다. 주요 저서에 『연경재전서(研經齋全集)』가 있다.

정약용(丁若鏞 1762~1836)

나주 정씨. 1789년(정조 13) 문과에 급제, 벼슬이 부승지에 이르렀다. 문장과 경학에 뛰어났으며, 수원성을 쌓을 때는 기중가설(起重架設)에 의한 활차녹로를 만들어 4만 냥의 경비를 절약하였다. 정조 말 서교를 가까이한 탓으로 금정찰방으로 좌천되었으나 다시 소환되어 좌부승지·병조참지·동부승지·부호군·형조참의 등을 역임하였다.

1801년(순조 1) 천주교 박해를 빌미로 한 신유사옥이 일어나 이가환·권철신·이승훈·최창현·정약종·정약전 등과 함께 체포되어 형 약종은 장사(杖死)되고, 약전은 흑산도로, 약용은 강진으로 귀양갔다. 이후 강진에서 1년간 독서와 저술에 힘썼으니 대부분의 저서는 이 유배지에서 완성되었다. 1818년(순조 18) 5월에 귀양에서 풀려나와 고향에서 저술에 몰두하다 죽었다. 정약용은 유형원·이익을 통해서 내려온 남인계 실학사상을 계승하였을 뿐만 아니라, 북학사상을 수렴함으로써 당시의 실학사상을 집대성하였다. 주요 저서로『여유당전서(與猶堂全書)』가 있다.

서유구(徐有榘 1764~1845)

달성 서씨. 1790년(정조 14) 증광문과에 병과로 급제, 대교·검열을 역임, 순조 때 의주부윤·대사성·부제학·강화부 유수·형조판서·예조판서·대사헌을 거쳐 1838년(헌종 4) 다시 대사헌·상호군·이조판서·병조판서·우참찬·좌참찬·대제학을 역임하였다.

1834년(순조 34) 호남순찰사로 노령(蘆嶺) 남북을 돌아보던 중, 기근에 허덕이는 백성의 궁핍을 보고서 일본으로부터 고구마 종자를 수입, 재배를 장려하고『종저보』를 저술하여 그 재배법을 널리 알렸다.『농대』·『경계책』등 농정에 관한 견해 및 상소문을 써서 영농법의 개혁을 역설하였고, 만년에는 농사를 지으며 농업 경제에 관한 백과사전적인 대저술『임원경제지(林園經濟志)』를 남겼다.

한치윤(韓致奫 1765~1814)

청주 한씨. 1789년(정조 13) 진사시에 합격한 뒤 학문에만 전념하여 약관에 문명을 날렸다. 족형인 한치응이 청나라에 갈 때 따라가서, 실사구시와 무징불신(無徵不信)의 고증적 학술 방법을 배워 귀국 후 이를 소개했다. 만년에『해동역사(海東繹史)』71권을 저술하고,『지리고』는 완성하지 못했으나, 뒤에 조카 한진서가 7권을 완성하였다.

유희(柳僖 1773~1837)

경기 용인 출생. 현감 유한규의 아들로 어려서 부친을 여의고 모친에게서 교육을 받았다. 4세에 한자의 뜻을 알고, 7세 때『성리대전』을 통독하였으며, 이어『서전』·『사기』및 경학을 연구하였다. 또한 실학과 언어학자인 정동유의 문하에 들어가 한글을 독창적으로 연구하고, 훈민정음의 자모를 분류하여 이를 저서『문통(文通)』「언문지(諺文志)」에 수록하였다. 정동유는 정제두의 제자인 이광려의 문인이었다.『문통』에 수록된 내용으로도 알 수 있듯이, 유희는 천문·지리·의약·농정·충어·종수·조류·풍수 등 자연과학 분야에까지 정통하였다. 또한「시물명고」·「물명고」등 국어학 연구에 귀중한 저술도 남겼다. 주요 저서에『문통』이 있다.

홍경모(洪敬謨 1774~1851)

풍산 홍씨. 1830년 사은부사, 1834년 진하사가 되어 청나라에 다녀왔다. 헌종 때 대사헌을 지낸 다음 판서가 되어 예조·호조·병조를 거쳐 돈령부 판사에 이르렀다. 문장에 능하고 글씨도 뛰어났다. 주요 저서에『관암전서(冠巖全書)』가 있다.

정학연(丁學淵 1783~1859)

나주 정씨. 정약용의 맏아들로 시문과 의술에 밝았다. 주요 저서로『종축회

통(種畜會通)』이 있다.

이규경(李圭景 1788~?)

전주 이씨. 평생 벼슬을 하지 않고 조부 이덕무가 이룩한 실학을 계승하여 집대성하는 데 전념하였다. 그렇기 때문에 생애에 관하여 자세히 전해지는 것이 없으나, 저서 『오주연문장전산고(五洲衍文長箋散稿)』에 따르면, 그는 최한기 · 최성환 · 김정호 등의 중인 계층의 인물과 교유하였으며, 생애의 대부분을 충청도의 농촌에서 보냈다.

한국과 중국의 고금 사물에 대한 수백 종의 책을 읽고, 천문 · 역수 · 종족 · 역사 · 지리 · 문학 · 음운 · 서화 · 종교 · 풍속 · 야금 · 병사 · 초목 · 어조 등 모든 학문을 고정변증하였다. 주요 저서인 『오주연문장전산고』는 이수광의 『지봉유설』을 종합 확대하고 발전시킨 것이다.

김정희(金正喜 1786~1856)

경주 김씨. 충남 예산에서 출생. 1819년(순조 19) 문과에 급제하여 성균관 대사성 · 이조참판 등을 역임하였다. 24세 때 연경에 가서 당대의 거유 완원 · 옹방강 · 조강 등과 교유, 경학 · 금석학 · 서화에서 많은 영향을 받았다. 김정희의 예술은 시 · 서 · 화를 일치시킨 고답적인 이념미의 구현으로 고도의 발전을 보인 청나라의 고증학을 바탕으로 하였다. 1840년(헌종 6) 윤상도의 옥사에 연루되어 제주도로 유배되었다가 1848년 풀려나왔고, 1851년(철종 2) 헌종의 묘천문제로 다시 북청으로 귀양을 갔다가 이듬해 풀려났다.

학문에서는 실사구시를 주장하였고, 서예에서는 독특한 추사체를 대성시켰으며, 특히 예서 · 행서에 새 경지를 이룩하였다. 함흥 황초령에 있는 신라 진흥왕 순수비를 해석하였고, 1816년에는 북한산 비봉에 있는 석비가 조선 건국시 무학대사가 세운 것이 아니라 진흥왕 순수비이며, '진흥'이란 칭호도 왕의 생전에 사용한 것임을 밝혔다. 『실사구시설』을 저술하여 근거 없는 지식이나 선입견으로 학문을 하여서는 안 됨을 주장하였다. 70세에 과천 관악산 기슭에 있는 부친 묘 옆에 가옥을 지어 수도에 힘쓰다가 이듬해 사망하였다. 주요 저서에『완당선생전집(阮堂先生全集)』이 있다.

이청 (李晴 1792~1861)

정약용의 강진 유배 시절의 제자. 정약용의 강진 거처는 네 군데였다. 유배가 시작된 1801년 첫 거처는 읍내 주막집 골방으로 여기서 4년을 지냈다. 그리고 1805년 겨울에 보은산방으로 옮겼다. 다시 이듬해인 1806년 가을에 제자인 이청의 집으로 옮겨 1808년 봄까지 지냈다. 그리고 이 봄에 다산초당으로 옮겼다. 이청은 천문학을 전공하였는데, 스승인 정약용이 떠난 뒤 70세를 넘겨 하늘을 관찰하다가 우물에 빠져 죽었다고 한다. 그가 남긴『정관편(井觀編)』도 천문학 관련 서적이다.

최한기 (崔漢綺 1803~1877)

삭녕 최씨. 1825년(순조 25) 사마시 급제 후 학문에만 전념하였다. 지리학자 김정호와 교분이 두터웠으며, 수많은 저작을 통해 경험주의적 인식론을 확립하여 일체의 선험적 이론이나 학설을 배격하고 사물을 수학적·실증적으로 파악할 것을 주장, 한국 실학 사상사에 근대적 합리주의를 싹트게 했다. 외국과의 교류를 주장하는 등 실학파 학자들의 전통을 계승하였고, 뒤이어 등장하는 개화사상가들의 선구가 되었다. 천문·지리·농학·의학·수학 등 학문 전반에 박학하여 천여 권의 저서를 남겼는데, 현재는 15종 80여 권만이 남아 있다. 주요 저서로『명남루총서(明南樓叢書)』가 있다.

심대윤 (沈大允 1806~1872)

120여 권이 넘는 저서를 남긴 큰 학자로 고조부가 영의정, 증조부가 이조판서를 지낸 명문가의 후예이다. 그럼에도 불구하고 가세가 기울자 사농공상을 엄격하게 구분하던 세태에 아랑곳하지 않고 반상(飯床)을 제작하여 팔거나, 약방을 운영하여 돈을 벌었다. 그는 사대부라는 체통을 내세우기보다는 몸소 천직에 종사하면서 욕망을 인간의 기본 조건으로 강조하는 독특한 사상체계를 수립하였다. 주요 저서에 『복리전서(福利全書)』가 있다.

박규수(朴珪壽 1807~1876)

반남 박씨. 할아버지 박지원의 『연암집』을 읽고 실학의 학풍에 눈을 뜬 뒤 윤종의 · 남병철 등 당대의 학자들과 학문적 교류를 하면서 실학적 학문 경향을 한층 심화시켰다. 1860년(철종 11) 약 6개월간 열하 부사로 청국을 다녀왔다. 이때 처음 국제정세의 흐름과 제국주의 침략의 실상을 목도하였다. 1862년 진주민란 시 안핵사로 활동하였다. 1866년 평안도관찰사로 재임 중 7월에 제너럴 셔먼호 사건을 겪었다. 1872년 진하사의 정사로 중국을 다녀오면서, 서구 열강의 침략에 대응하여 개혁을 추진하던 청국의 양무운동을 목격하고 조선의 개국과 개화의 필요성을 절실히 느꼈다. 귀국 후 우의정을 지내면서 쇄국정책을 펼치던 흥선대원군에게 문호 개방의 필요성을 역설했지만, 뜻을 이루지 못하자 1874년 사퇴, 판중추부사가 되었다. 이때부터 자신의 사랑방에서 젊은 양반 자제들을 대상으로 실학적 학풍을 전하고 중국에서의 견문과 국제정세를 가르치며 개화파의 형성에 결정적인 역할을 하였다. 1875년 운양호 사건을 빌미로 일본이 수교를 요구해 오자 그는 일본과의 수교를 주장하여 강화도 조약을 맺게 하였다. 주요 저서로 『환재집(瓛齋集)』이 있다.

윤정기(尹廷琦 1814~1879)

정약용의 외손자. 호 방산(舫山). 정약용의 18제자 안에 들지는 못했지만, 어려서부터 정약용에게 글을 배워 당대의 많은 명사들과 교유하였다. 문학 · 역사 · 경제 · 지리 등에 박학하였고, 경학에도 뛰어나 방대한 저술을 남겼다. 주요 저서에 『동환록(東寰錄)』이 있다.

남병철(南秉哲 1817~1863)

의령 남씨. 철종의 장인 김문근의 외질로 1851년(철종 2) 승지가 되었으며, 1856년 예조판서, 이조판서 겸 대제학 등의 요직을 지냈다. 박학하고 문장에 뛰어났으며, 수학과 천문학에 탁월하여 수륜(水輪)·지구의·사시의(四時儀)를 만들었다. 한때 철종의 총애를 받아 김씨 일파를 눌렀으나, 나중에는 그들에게 눌리어 서화와 성색(聲色)으로 소일하였다. 주요 저서에 『규재집(圭齋集)』이 있다.

김정호(金正浩 ?~1864)

청도 김씨. 지리학에 정진하여 일생을 정밀한 지도와 지리서를 만드는 데 바쳤다. 전국을 돌아다니며 30여 년 간의 각고 끝에 1834년(순조 34)「청구도」2첩을 완성하였다. 이후 1857년(철종 8)에 전국 채색 지도인「동여도」, 1861년(철종 12)에「대동여지도(大東輿地圖)」를 완성하여 간행하였다. 위 지도들은 우리나라 전체를 그린 전도로서 의의가 크다. 김정호는 조선 후기에 민간에서 활발하게 전사되었던 전국지도·도별지도와 국가가 중심이 되어 제작했던 군현지도를 결합하여 군현지도 수준의 상세함을 갖춘 대축척 전국지도를 만들었다. 특히「대동여지도」는 조선시대에 만들어진 가장 정확하고 정밀한 과학적 실측지도로 평가된다. 이밖에 서울지도인「수선전도(首善全圖)」등을 남겼다.

| 참고문헌 |

자료

『영조실록』,『정조실록』,『순조실록』,『승정원일기』,『일성록』.

正祖,『弘齋全書』.

朴齊家,『楚亭全書』(상·중·하), 아세아문화사 영인본(1992).

朴齊家,『貞蕤閣集』, 민족문화추진회 영인본(2001).

洪大容,『湛軒書』.

朴趾源,『燕巖集』.

李德懋,『青莊館全書』.

丁若鏞,『與猶堂全書』.

朴宗采,『過庭錄』.

李書九,『薑山全書』.

번역서

『국역청장관전서』, 민족문화추진회(1978~1980).

박종채 지음, 김윤조 역주,『역주 과정록』, 태학사, 1997.

박제가 지음, 안대회 옮김,『궁핍한 날의 벗』, 태학사, 2000.

이덕무 외 지음, 김상훈·상민 역,『사가시선』, 여강, 2000.

박제가 지음, 박정주 옮김,『북학의』, 서해문집, 2003.

유득공 지음, 김윤조 옮김, 『누가 알아주랴』, 태학사, 2005.
박지원 지음, 박희병 옮김, 『고추장 작은 단지를 보내니』, 돌베개, 2005.

단행본

진단학회, 『진단학보』 52(『貞蕤集』의 종합적 검토), 1981.
이성무, 『조선시대 당쟁사』 2, 동방미디어, 2000.
유봉학, 『정조대왕의 꿈』, 신구문화사, 2001.
김영호, 『조선의 협객 백동수』, 푸른역사, 2002.
오세영 등 엮음, 『초정 박제가의 실학사상과 해운통상론』, 신서원, 2004.
기획출판부 엮음, 『연암 박지원』, 거송미디어, 2004.
박성순, 『선비의 배반』, 고즈윈, 2004.
박성순, 『조선유학과 서양과학의 만남』, 고즈윈, 2005.
안소영, 『책만 보는 바보』, 보림, 2005.
기획출판부 엮음, 『연암 산문선』, 거송미디어, 2005.

논문

김용덕, 「정유 박제가 연구: 제1부 박제가의 생애」, 『중앙대논문집』 5, 1961.
김용덕, 「정유 박제가 연구: 제2부 박제가의 사상」, 『사학연구』 10, 1961.
오수경, 「18세기 서울 문인지식층의 성향」, 성균관대 박사학위논문, 1990.
김문용, 「박제가 경세론의 논리와 구조」, 『민족문화연구』 33, 2000.
손병규, 「조선후기 재정구조와 지방재정운영」, 『조선시대사학보』 25, 2003.
이헌창, 「박제가 경제사상의 구조와 성격」, 『한국실학연구』 36, 2005.
안대회, 「초정 박제가의 인간면모와 일상」, 『한국한문학연구』 10, 2005.
박성순, 「박제가의 북학론과 그 역사적 함의」, 『동양고전연구』 23, 2005.

Park, Sung-soon

As political power came to be monopolized in the seventeenth and eighteenth centuries by a small number of yangban house, many yangban who did not belong to these selected few lineages in effect fell from yangban status. In the countryside meanwhile, along with the emergence of peasants grown rich through the practice of enlarged scale farming, poor peasants were being forced to abandon their farms and the number of landless vagrants was increasing.

In urban areas too a variety of changes were underway as wholesale merchants amassed wealth through their control of trade and handcraft production, while small merchants faced ruin and prices soared. As the numerous social ills attendant upon these phenomena became grave, the problems Yi dynasty society now faced demanded serious reflection on the part of the members of its educated class. their response is embodied in the scholarship and thought known today as "Practical Learning", or Sirhak.

In this paper, I focused on the fact that Park, Jae-ga had been

Ch'ing China as an attendant of the diplomatic corps leaded by Chae, Jae-gong with his best friend, Yi, Deok-mu. And he wrote a historical book, *Buk hak ui*. I think that all of the explanations on Park, Jae-ga are above one fact.

First, the fact that Park, Jae-ga was selected as an attendant of the diplomatic corps leaded by Chae, Jae-gong make us inferred that Park, Jae-ga intimately connected with king Jeong-jo's reformation.

Second, we can imagine a special group of scholars who intended a new utopia. They intimated with Park, Jae-ga and studied "Practical Learning" all together. A member of the group, so-called Buk hak pa, Yi, Deok-mu went twice with Park, Jae-ga to Ch'ing China.

Third, after returning from Ch'ing China in 1778 Park, Jae-ga wrote a book, *Buk hak ui*. In this book he insisted the importance of economic enrichment.

In this paper, I want to mention that the associates of Buk hak pa centering white pagoda. It was the scholastic background of Park, Jae-ga. I want to revaluate the meaning of *Buk hak ui*. Finally I will look over Park, Jae-ga's role for king Jeong-jo's reformation.